海洋科技出版工程

U0645299

基于架空电缆过江的船舶
通航安全保障方案设计

黎法明　李红卫　著

哈尔滨工程大学出版社
Harbin Engineering University Press

内容简介

本书对架空电缆过江的船舶通航安全保障方案进行设计，主要内容包括架空电缆过江的船舶通航安全保障方案的相关法规与规范、相关定义、项目概况、施工内容、通航环境、通航安全影响及风险分析、通航安全保障措施、应急预案、相关批文及附图等要求，并提供一个架空电缆过江船舶通航安全保障方案设计示例。

本书可供架空电缆过江施工企业设计各阶段编制文件时参考，也可供架空电缆过江涉水项目的施工期开展船舶通航安全保障工作时参考。

图书在版编目(CIP)数据

基于架空电缆过江的船舶通航安全保障方案设计/
黎法明，李红卫著. —哈尔滨：哈尔滨工程大学出版社，
2021.6
ISBN 978 - 7 - 5661 - 3135 - 5

Ⅰ. ①基… Ⅱ. ①黎… ②李… Ⅲ. ①架空线路 - 电
力电缆 - 架线施工 - 影响 - 船舶 - 通航 - 安全管理 - 方案
设计 Ⅳ. ①U698

中国版本图书馆 CIP 数据核字(2021)第 118675 号

基于架空电缆过江的船舶通航安全保障方案设计
JIYU JIAKONG DIANLAN GUOJIANG DE CHUANBO TONGHANG ANQUAN BAOZHANG
FANG'AN SHEJI

选题策划 史大伟　薛　力
责任编辑 唐欢欢
封面设计 李海波

出版发行 哈尔滨工程大学出版社
社　　址 哈尔滨市南岗区南通大街 145 号
邮政编码 150001
发行电话 0451 - 82519328
传　　真 0451 - 82519699
经　　销 新华书店
印　　刷 哈尔滨午阳印刷有限公司
开　　本 787 mm × 1 092 mm　1/16
印　　张 7.75
字　　数 192 千字
版　　次 2021 年 6 月第 1 版
印　　次 2021 年 6 月第 1 次印刷
定　　价 45.00 元
http://www.hrbeupress.com
E-mail:heupress@ hrbeu.edu.cn

前　　言

为了维护水上交通秩序,保障船舶航行、停泊和作业安全,保护水域环境,依据《中华人民共和国海上交通安全法》《中华人民共和国内河交通安全管理条例》《中华人民共和国水上水下活动通航安全管理规定》等法律、法规、规范,涉水工程施工单位应当制定施工通航安全保障方案,保障施工作业及其周边水域交通安全。架空电缆过江施工属于涉水工程施工,应当编制架空电缆过江船舶通航安全保障方案,以保障施工作业及周边水域的交通安全。中华人民共和国海事局印发的《涉水工程施工通航安全保障方案编制与技术评审管理办法》中的第7条规定:施工通航安全保障方案应当在申请水上水下活动许可时提交。根据上述条文可知,架空电缆过江的船舶通航安全保障方案(以下简称保障方案)是在架空电缆过江施工申请水上水下活动许可前应编制完成的,保障方案内容主要是针对施工作业的安全风险做出的准确分析。

为帮助工程施工人员开展船舶通航安全保障工作,更好地理解、掌握架空电缆过江的船舶通航安全保障方案,特撰写本书。本书分为5章:第1章对施工保障方案编制背景进行介绍;第2章对相关法规与规范进行介绍;第3章对相关定义进行明确;第4章对保障方案编制设计进行介绍;第5章介绍了架空电缆过江船舶通航安全保障方案示例和架空电缆跨越某水道施工方案示例。

本书由黎法明、李红卫共同撰写。在本书的研究撰写过程中,广东交通职业技术学院教授蒋祖星、博士刘明明提出了很多宝贵的意见,在此表示衷心的感谢!

限于作者的水平,书中错误和不妥之处在所难免,期望广大读者批评指正。

著　者
2021 年 3 月

目　　录

第1章 施工保障方案编制背景

为了维护水上交通秩序,保障船舶航行、停泊和作业安全,保护水域环境,在全国范围内统一规范水上水下施工作业行为,加强通航安全管理,保障涉水项目施工作业及其周边水域交通安全,1999年10月8日交通运输部发布了《中华人民共和国水上水下施工作业通航安全管理规定》(以下简称《规定》(1999年))。《规定》(1999)年明确了架空电缆过江施工属于涉水的水上施工作业活动,应进行船舶安全通航评估。该规定先后修订两次,第一次修订后于2011年3月1日起施行,名称改为《中华人民共和国水上水下活动通航安全管理规定》(以下简称《规定》(2011年)),第二次修订后于2019年5月1日起施行。前两版对架空电缆过江施工,要求进行架空电缆过江船舶安全通航评估;最近这一版(交通运输部令2019年第2号)对架空电缆过江施工,要求涉水工程施工单位制定施工通航安全保障方案,保障施工作业及其周边水域交通安全。施工通航安全保障方案应当包含涉水工程对通航环境、水上交通秩序的影响分析,存在的问题及通航安全保障措施等。对通航安全可能造成重大影响的水上水下活动,海事管理机构应当在许可前组织专家对施工通航安全保障方案进行技术评审。

1.1 《规定》(1999年)颁布的重大意义

《规定》(1999年)的颁布实施,具有十分重要的意义,主要体现在以下三个方面。

一是有利于保障通航安全。《规定》(1999年)的实施,对水上水下活动行为进行规范,最大程度消除施工、建设和有关活动中的矛盾,保障施工作业及其周边水域交通安全,对通航安全起到了重要保护作用,对航运事业和经济社会的发展起到了积极的推动作用。

二是有利于保护通航环境资源。《规定》(1999年)明确了主管机关在工程立项阶段、施工阶段、竣工验收阶段的管理方式和要求,通过通航安全影响审查、通航安全评估、通航安全报告等方式和手段,科学查找、防范风险,有利于最大限度提升通航管理资源的综合有效利用。

三是有利于规范管理。《规定》(1999年)明确了水上水下活动许可、报备、实施等事项的条件和程序,同时也规范了海事管理机构的监督检查,有利于规范水上水下活动行为,维护良好的通航环境和通航秩序。

1.2 《规定》(1999 年)修订的背景

1999 年,为了在全国范围内统一规范水上水下施工作业行为,保障施工作业及其周边水域交通安全,原交通部颁布实施了《中华人民共和国水上水下施工作业通航安全管理规定》,对于保障通航安全和施工作业安全、保护有限的通航环境资源起到了积极作用。但航运和国家经济建设不断发展,《规定》(1999 年)的实施也显现了诸多不适应。主要的不适应如下:

一是在适用范围方面的不适应。随着我国海洋经济发展和加快长江等内河水运发展战略的实施,在管辖海域、内河通航水域或岸线上进行的水上水下工程建设越来越多。据统计,"十一五"期间,平均每天约 30 项,尤其是苏通长江大桥、港珠澳大桥等特大型水上水下工程的开工建设,施工作业在数量、规模、周期上都呈大幅增长的态势。广州亚运会、青岛奥帆赛等大型水上活动和体育赛事频繁举办,活动规模和社会影响较大,参与人数众多,水上水下活动与通航安全之间的矛盾越来越突出,《规定》(1999 年)已不能适应形势发展的需求。

二是在通航资源综合利用上的不适应。近几年来,桥梁、港口、架空电缆过江等大型涉水工程建设掀起新热潮,如长江上即将建成的大桥将达 76 座。与此同时,这些涉水工程的建设或多或少要占用通航水域资源,工程建成运行与船舶通航安全的矛盾日益突出,如大桥建成后通航尺度受限,新码头建成但锚地水域严重不足等。涉水工程建设需要统筹考虑城市建设、港口规划、航道和航运发展等,按照《规定》(1999 年)的规定,海事部门在涉水工程立项阶段、竣工验收阶段的参与度和决定权均明显不足,已不能适应涉水工程建设过程中的通航资源综合利用的需求。

三是在推动建设单位、施工单位以及主办单位落实安全主体责任上的不适应。涉水工程的建设施工,带来了诸多安全隐患,但部分工程建成后却存在管理主体不明、安全责任制落实不到位的情况,如一些大桥,建成后就存在管理多头或管理主体不明的情况,导致安全隐患难以整改。广东"6.15"事故以来发生的多起船舶与大桥相撞事故,都不同程度地暴露了涉水工程建设施工的安全管理过程中安全主体责任未落实的问题。

随着《中华人民共和国安全生产法》《中华人民共和国行政许可法》等一批新的法律、法规的颁布实施,《规定》(1999 年)也需要修改完善,以符合上位法的相关要求。

1.3 《规定》(2011 年)修订的背景

《中华人民共和国水上水下活动通航安全管理规定》共 39 条,2011 年公布施行,2019 年修订。《规定》(2011 年)施行 8 年,对规范我国通航水域水上水下活动起到了重要作用。对其进行修订有助于进一步落实国务院关于清理规范行政审批和交通运输部深化放管服改革的要求,降低申请水上水下活动许可的成本,进一步明确建设施工方安全生产主体责任,对现有的水上水下活动相关管理制度进行调整完善。

　　新修订的《中华人民共和国水上水下活动通航安全管理规定》共 34 条,对原条款中一半以上的条款有不同程度的修改甚至完全替换。新修订的《中华人民共和国水上水下活动通航安全管理规定》顺应了已经修订或者新颁布的法律的一些规定。近年来中华人民共和国《中华人民共和国港口法》《中华人民共和国航道法》《中华人民共和国安全生产法》《中华人民共和国海上交通安全法》等法规都先后修订,立法的许多空白被进一步填补,许多已有的规定都相应进行了调整。根据立法的相关规定,《中华人民共和国水上水下活动通航安全管理规定》作为部门规章必然要与上位法保持一致,故对其有关内容做出相应的调整。

　　《中华人民共和国水上水下活动通航安全管理规定》修订工作于 2018 年正式启动。交通运输部海事局组成工作组,收集系统及行业内的反馈信息,对已有规定进行了认真的梳理,并先后征求了海事部门的修改意见,经采纳完善后,征求了相关部门的意见,形成送审稿,并于 2019 年 1 月 16 日在交通运输部部务会议审核通过,于 2019 年 5 月 1 日起施行。

第 2 章　相关法规与规范

架空电缆过江的船舶通航安全保障方案应根据相关法规、政府部门颁布的相关规章进行制定,应符合行业主管部门颁布的相关标准规范,以确保其可行性和合理性。

2.1　相关法律法规

1.《中华人民共和国航道法》(中华人民共和国主席令第十七号,2014 年 12 月)

2.《中华人民共和国海上交通安全法》(2016 年修订)

3.《国务院关于加强交通运输安全工作的决定》(国发〔1988〕48 号)

4.《中华人民共和国内河交通安全管理条例》(中华人民共和国国务院令〔2002〕第 355 号)

5.《电力设施保护条例》(国务院令第 239 号)

6.《中华人民共和国航标条例》(中华人民共和国国务院令第 187 号)

7.《中华人民共和国航道管理条例》(国务院令〔2008〕第 545 号)

8.《中华人民共和国航道管理条例实施细则》(中华人民共和国交通运输部令 2009 年第 9 号)

9.《中华人民共和国水上水下活动通航安全管理规定》(中华人民共和国交通运输部令 2019 年第 2 号)

10.《涉水工程施工通航安全保障方案编制与技术评审管理办法》(海通航〔2019〕147 号)

11.《中华人民共和国内河避碰规则》(交通部令〔1991〕30 号,交海发〔2003〕357 号修订)

12.《关于加强建设项目安全设施"三同时"工作的通知》(发改投资〔2003〕1346 号)

13.《内河航标管理办法》(交通部令〔1996〕2 号)

14.《中华人民共和国海事行政许可条件规定》(中华人民共和国交通部令 2006 年第 1 号)

2.2　相关规范文件和技术标准

1.《内河通航标准》(GB 50139—2014)

2.《内河助航标志》(GB 5864—1993)

3.《内河交通安全标志》(GB 13851—2009)

4.《架空输电线路运行规程》(DL/T 741—2019)

5.《通航海轮桥梁通航标准》(JTJ 311—97)

6.《河港工程总体设计规范》(JTJ 212—2006)

7.《±800 kV 架空输电线路张力架线施工工艺导则》(DL/T 5286—2013)

8.《110 kV～750 kV 架空输电线路设计规范》(GB 50545—2010)

9.《110 kV～750 kV 架空输电线路施工及验收规范》(GB 50233—2014)

10.《港口与航道水文规范》(JTS 145—2015)

11.《航道整治工程技术规范》(JTJ 312—2003)

12.《内河航道维护技术规范》(JTJ 287—2005)

13.《内河航道与港口水文规范》(JTJ 214—2000)

14.《船舶交通管理系统工程技术规范》(JTJ/T 351—96)

15.《水上安全监督站配布条件及设施设备配备要求》(JT/T 335—1997)

16.《110 kV～750 kV 架空输电线路施工质量检验及评定规程》(DL/T 5168—2016)

17.《电力安全工作规程　电力线路部分》(GB 26859—2011)

18.《电力建设安全工作规程　第 2 部分:电力线路》(DL 5009.2—2013)

19.《输电线路张力架线用防扭钢丝绳》(DL/T 1079—2007)

20.《工程建设标准强制性条文》(电力工程部分)(2011 年版)

第3章 相 关 定 义

相关单位在制定架空电缆过江的船舶通航安全保障方案时,应对其中的相关定义进行描述,根据相关法规及规范要求,在此对相关定义明确如下。

3.1 内河航道等级

根据《内河通航标准》(GB 50139—2014)的规定,内河航道等级是按照河流所能通行船只大小所做的等级分类,共分为7个等级。通航标准低于七级航道的航道为等外级航道。

一级航道:可通航 3 000 t 船舶,水深 3.5 ~ 4.0 m,单线直线航道宽度 70 ~ 125 m,弯曲半径 670 ~ 1 200 m。

二级航道:可通航 2 000 t 船舶,水深 2.6 ~ 3.0 m,单线直线航道宽度 40 ~ 100 m,弯曲半径 550 ~ 810 m;限制性航道水深 4 m,直线段双线底宽 60 m,弯曲半径 540 m。

三级航道:可通航 1 000 t 船舶,水深 2.0 ~ 2.4 m,单线直线航道宽度 30 ~ 55 m,弯曲半径 480 ~ 720 m;限制性航道水深 3.2 m,直线段双线底宽 45 m,弯曲半径 480 m。

四级航道:可通航 500 t 船舶,水深 1.6 ~ 1.9 m,单线直线航道宽度 30 ~ 45 m,弯曲半径 330 ~ 500 m;限制性航道水深 2.5 m,直线段双线底宽 40 m,弯曲半径 320 m。

五级航道:可通航 300 t 船舶,水深 1.3 ~ 1.6 m,单线直线航道宽度 22 ~ 35 m,弯曲半径 270 ~ 280 m;限制性航道水深 2.5 m,直线段双线底宽 35 m,弯曲半径 250 m。

六级航道:可通航 100 t 船舶,水深 1.0 ~ 1.2 m,单线直线航道宽度 15 m,弯曲半径 180 m;限制性航道水深 2.0 m,直线段双线底宽 20 m,弯曲半径 110 m。

七级航道:可通航 50 t 船舶,水深 0.7 ~ 0.9 m,单线直线航道宽度 12 m,弯曲半径 130 m;限制性航道水深 1.5 m,直线段双线底宽 16 m,弯曲半径 100 m。

3.2 内 河 船 舶

内河船舶系指符合内河船舶建造规范,仅在内河通航水域航行的各类船舶,但不包括军事船舶、渔业船舶和体育运动船舶。

自航船系指设有用于航行目的的机械推进装置的船舶。

非自航船系指自航船以外的船舶。

3.3 架空电缆

架空电缆是装有绝缘层和保护外皮的架空导线,是采用类似交联电缆生产工艺的工艺制造的一种专用电缆,是介于架空导线和地下电缆之间的新的输电方式。架空电缆都是单芯的,其结构可分为硬铝线结构、硬拉铜线结构、铝合金线结构、钢芯或铝合金芯支撑结构和自承式三芯纹合结构(线芯可为硬铝或硬铜线)等。

3.4 内河通航水域

内河通航水域系指由海事管理机构认定的可供船舶航行的江、河、湖泊、水库、运河等水域。

3.5 特定航线

特定航线系指在内河水域内专门用于两个港口或几个港口之间从事水上运输的航线。

3.6 内河航区

内河水域的航区分为 A、B、C 三级,其中某些区域,依据水流湍急情况,又分为急流航段(又称 J 级航段,即 J1 级、J2 级航段)。

河海交界区的航区为相当 A 级。航区级别按 A 级(含相当于 A 级)、B 级、C 级高低顺序排列;急流航段级别按 J1 级、J2 级高低顺序排列,不同的急流航段分别从属于所在水域的航区级别。

航区级别按 5% 保证率对应的有义波高划分,A 级(含相当于 A 级)、B 级、C 级航区的有义波高见表 3 - 1。

表 3 - 1 内河水域航区有义波高

航区级别	有义波高 H_S/m
A 级	$1.25 < H_S \leqslant 2.0$
B 级	$0.5 < H_S \leqslant 1.25$
C 级	$H_S \leqslant 0.5$
相当于 A 级	$H_S \leqslant 2.0$

3.7 交通管制区

交通管制区指存在对航行安全影响较大的情形时,如恶劣天气、大范围水上施工作业、影响航行的水上交通事故、水上大型群众性活动或者体育比赛,海事部门根据情况采取限时航行、单航、封航等临时性限制、疏导交通的措施时所划定的特定水域。

3.8 AIS 系统

船舶自动识别系统(automatic identification system, AIS)是指一种应用于船和岸、船和船之间的海事安全与通信的新型助航系统,常由 VHF 通信机、GPS 定位仪和与船载显示器及传感器等相连接的通信控制器组成,能自动交换船位、航速、航向、船名、呼号等重要信息。

3.9 VTS 系统

船舶交通服务(vessel traffic service, VTS)系统是为保障船舶交通安全,提高船舶交通效率,保护水域环境,由主管机关设置的对船舶实施交通管制并提供咨询服务的系统。

3.10 通航净空

通航净空是指跨越航道的建筑物下保证船舶安全航行的应有净空,包括通航净高和通航净跨。前者指最高通航水位以上与跨越航道建筑物以下之间的净空高度;后者指最低通航水位时跨越航道建筑物墩柱间的净空宽度。

第4章 保障方案编制设计

架空电缆过江的船舶通航安全保障方案(以下简称保障方案)应根据相关法律法规及《涉水工程施工通航安全保障方案编制与技术评审管理办法》(海通航〔2019〕147号)中的相关要求进行设计,以确保符合规定。

4.1 保障方案的内容

1. 项目概况,包括项目批复情况、名称、地点、规模、建设单位、业主单位、施工单位等。

2. 施工内容(施工工艺),包括与通航(水上交通安全)有关的施工水域、工艺、进度,施工作业船舶、设施及其航线、停泊地点,施工作业人员配备,施工材料的水上运输方式等。

3. 通航环境,包括水域环境、水文气象等自然环境,港口环境、航道条件、船舶交通流特征、事故特点,以及其他与水上交通安全有关的交通条件等。

4. 通航安全影响及风险分析,包括施工作业通航安全保障中存在的问题及相关碍航性分析、安全作业条件分析、划定的施工水域范围合理性分析、水上交通秩序影响分析等。

5. 通航安全保障措施,包括安全管理制度,不同施工阶段的施工水域划定、交通组织、通信联络方式、航道航路调整、安全警示标志设置、必要的安全措施或者警戒船配备等方面的要求。

6. 应急预案,包括针对施工中可能发生的突发性事件的应急组织机构、设备配备、响应措施等。

7. 附图,包括工程水域航道示意图、施工水域占用示意图、施工水域周边设施关系图、航道布置及航标配布图等。

8. 有关专家关于施工通航安全保障方案的论证意见。

9. 模拟仿真试验。

4.2 保障方案的内容设计

4.2.1 项目概况

项目概况这部分内容可参考架空电缆过江工程可行性报告,重点对架空电缆过江项目批复情况、名称、地点、规模、建设单位、业主单位、施工单位进行介绍,同时也把项目建设的目的及意义描述清楚。

4.2.2 施工内容(施工工艺)

施工内容(施工工艺)这部分也可参考架空电缆过江工程可行性报告。如没有架空电缆过江工程可行性报告,则业主方或施工方应根据相关要求制定施工工艺,对与通航(水上交通安全)有关的施工水域、工艺、进度,施工作业船舶、设施及其航线、停泊地点,施工作业人员配备,施工材料的水上运输方式,船舶锚泊地点等进行描述,并重点对施工时,是否要用到船舶,是否占用航道、航路、锚地、渡运水域、桥区水域,是否需要调整航路及采取封航、单向通航、限制航行等水上交通管制措施描述清楚。

1. 明确架空电缆过江施工工艺

架线施工工艺,可参考以下工艺要求进行编制,并编制特殊张力架线施工方案。

(1)大跨越张力架线施工工艺。

(2)不停电跨越张力架线施工工艺。

(3)采用过渡方法的张力架线施工工艺。

(4)采用环形牵放方式的张力架线施工工艺。

应明确采用哪种架线施工工艺进行施工工艺。

在高压架空送电线路架线工程中,用张力放线方法展放导线,以及用与之相配合的工艺方法进行紧线、挂线、附件安装等各项作业的整套架线施工方法称为张力架线。张力架线的基本特征如下。

(1)导线在架线展放过程中处于架空状态。

(2)以施工段为架线施工的单元工程,放线、紧线等作业在施工段内进行。

(3)施工段不受设计耐张段限制,可以用直线塔作施工段起止塔,在耐张塔上直通放线。

(4)在直线塔上紧线并做直线塔锚线,直通放线的耐张塔也允许在直线上塔紧线。

(5)在直通紧线的耐张塔上做平衡挂线或半平衡挂线。

(6)同相6根子导线推荐同时展放、同时收紧的施工方法。

在充分体现上述特征的前提下,可根据工程具体条件选择张力架线的工艺流程、施工机械、施工组织及操作方法等。

利用牵引机、张力机等施工机械展放导线,使导线在展放过程中离开地面和障碍物呈架空状态的放线方法称为张力放线。张力放线的基本程序如下。

(1)展放导引绳。将导引绳分段展放,逐基穿过放线滑车,并与邻段相连。

(2)用导引绳牵放牵引绳。用小牵引机收卷导引绳,逐渐将施工段内的导引绳更换为牵引绳。

(3)用牵引绳牵放导线。用主牵引机收卷牵引绳,逐步将施工段内的牵引绳更换为导线。以1根牵引绳和1台张力机同时牵放6根子导线,称为1牵6放线。

(4)六分裂导线的展放。根据现有的张力放线机械,能组合成多种张力放线方法。下面仅介绍一次展放6根子导线的放线方式。

一次展放6根子导线有3种施工方法:1牵6、1牵(4+2)、1牵(2+2+2),括号内的数字 4 和 2 分别代表 4 线张力机和 2 线张力机。

2. 施工管理措施

架空电缆过江如要用到船舶,施工船舶除了通过技术上采取措施保证航道的通行,在船舶的管理上也需要重视,特别是在狭窄的航道上施工时,没有自航能力的船只都需要在营运船舶进出港之前完成避让操作。

首先需要与港口的调度站、引航站、海事局建立联络机制,并且制定紧急的避让方案,随时掌握所有进出港船舶的动态,可以提前安排施工船舶进行避让操作。在收到避让指令后施工船舶需要立即停止施工,通过各种联系方式与通航的营运船舶取得联系,商量两船之间的避让方式,以确保航行安全。

架空电缆过江工程施工属于一项工程风险高、施工时间不长但工作繁重的系统工程,相关的施工设备、机械资源繁多导致管理工作相对棘手。所以,对工程资源实现系统数字化的科学管理,建立数据库,可通过有序的管理使疏浚工程管理工作变得井井有条,让烦琐的管理工作简单化,进而有效地帮助船舶安全通航。

4.2.3　通航环境

通航环境这部分应对架空电缆过江工程的水域的通航环境进行介绍,主要内容如下。

1. 架空电缆过江的河流的基本情况

2. 气象

涉水活动水域风、气温、降水、雾及能见度、相对湿度、灾害性天气等与通航安全有关的气象资料。

3. 水文

涉水活动水域水位、水势流态、潮汐、波浪、冰况等与通航安全有关的水文资料。

4. 地质地貌

涉水活动区域河床、地质条件、泥沙情况等地质地貌资料。

5. 其他自然环境

涉水活动水域水道弯曲情况、水深分布,以及礁石、浅滩分布等情况。

6. 港口环境分析

(1)港口

与活动密切相关港口的港口性质、港口现状、码头分布情况,岸线规划、港口和海洋功能区划、港口总体规划等情况。

(2)航道

与活动密切相关港口的航道现状(通航尺度、弯曲情况、水深分布、通航等级等)及规划情况。

(3)锚地

涉水活动及附近水域现有及规划锚地的位置、功能、容量及锚泊条件等。

(4)其他

7.交通环境条件

（1）交通流统计分析

统计近3年涉水活动水域船舶流量，分析交通流组成（船型、船舶吨级、船舶尺度等）、交通流行为特征（交通流位置、方向、宽度、密度和速度），有条件时附交通流 AIS 航迹图及门线图，并对未来交通流进行合理预测，必要时对活动附近水域船舶流量进行统计、分析。

（2）交通事故统计分析

分类别、等级统计涉水活动水域近3年水上交通事故，并进行时空分布规律及致因分析。

（3）船舶航路及特殊区域

分析涉水活动水域及附近水域船舶习惯航路、船舶定线制，分析特殊区域情况（附近警戒区、附近渔场，养殖区、捕捞区，附近海底管道、电缆区等）。

（4）安全保障现状、相关管理规定

导助航设施、拖轮、应急资源及设备、通信及防污设备情况等安全保障设施现状；船舶航行、锚泊、通信及防污要求，航道通航标准、交通组织与管理等相关规定；海事监管机构、监管设施等。

（5）其他环境

涉水活动水域内沉船、鱼栅、残留导管架等碍航物情况以及其他方面的情况。

8.通航环境分析

（1）港口环境（附近港口现状、港口船舶运输情况、港口规划）；

（2）航道条件（航道现状、航道规划）；

（3）船舶交通流特征（航道船舶的流量、船舶的 AIS 轨迹图）；

（4）事故特点以及其他与水上交通安全有关的交通条件；

（5）与通航有关的设施情况（包括附近的码头、桥梁、水上水下过河建筑物情况，其他架空电缆过江情况）；

（6）安全保障现状、相关管理规定；

（7）船舶航路及特殊区域。分析涉水活动水域及附近水域船舶习惯航路、船舶定线制，分析特殊区域情况（附近警戒区、禁航区，附近渔场、养殖区、捕捞区，附近海底管道、电缆区等）。

4.2.4　通航安全影响及风险分析

通航安全影响及风险分析是保障方案最重要的内容，重点包括施工作业通航安全保障中存在的问题及相关碍航性分析、安全作业条件分析、划定的施工水域范围合理性分析、水上交通秩序影响分析等，并重点对风险识别、风险评价及缓解措施进行分析。

1.风险识别

识别涉水活动影响通航安全的各个风险源及风险因子，确定风险指标。

2.风险评价

根据风险度评价标准量化风险指标，分析各风险因子对通航安全的影响程度（定性、定量评价）。

3. 缓解措施

在风险评价基础上提出降低或消除风险的缓解措施,提出降低碍航程度的安全保障措施。

架空电缆过江施工开工前,应按照港航监督部门的要求发布施工航行通告,办理水上水下施工许可证,施工作业时,按要求悬挂信号灯,在通航的水域设置浮筒管线指示灯,抛锚施工船只需要设立警戒锚标,可航行与封航水域的警示锚标位置都需要用明显的信号灯指明。非自航的船舶施工时需要进行明确的分航指示,一般都采用大范围分区,小范围分条、分段的方式进行。根据施工船舶的类型和数量,对施工区域进行划分和编号,然后根据作业区和通航区合理安排施工顺序,保证在施工期间有供运营船舶进出的航行通道。以某架空电缆过江项目为例进行分析,将架空电缆过江划分为东西两个部分,施工开始后,进行东区施工,营运船舶通过西区进入航道。施工船舶在西区施工的过程中,已经完成的东区可以正常通行。对施工区域的合理划分、对施工顺序的合理安排,可以最大限度减少施工过程中与在航船舶的交会和避让,确保航道的通行安全。另外,不同类型的架空电缆过江施工工艺的不同,决定了施工船舶避让的方式不同,同时所采取的通航安全保障措施也不尽相同。应重点对其对船舶安全的影响进行分析。

4.2.5　通航安全保障措施

通航安全保障措施重点包括安全管理制度,不同施工阶段的施工水域划定、交通组织、通信联络方式、航道航路调整、安全警示标志设置、必要的安全措施或者警戒船配备、施工安全保障措施、作业安全保障措施、跨越河流段架线施工安全措施、临时通航及夜间要求、施工作业技术人员的教育和培训工作等内容。

4.2.6　应急预案

应急预案内容为针对施工中可能发生的突发性事件的应急组织机构、设备配备、响应措施。一般应包括以下内容:

(1)现场应急救援指挥部及职责;

(2)应急领导小组;

(3)应急小组成员;

(4)施工期间危险源及控制措施;

(5)其他相关应急处置措施;

(6)跑线应急;

(7)恶劣天气应急;

(8)高空坠落应急;

(9)人员伤害应急;

(10)人员触电应急;

(11)人员淹溺应急;

(12)雷雨大风应急;

(13)防疫应急;

(14)防污应急。

4.2.7 附图

附图部分包括工程水域航道示意图、施工水域占用示意图、施工水域周边设施关系图、航道布置及航标配布图等。以上附图应用彩色打印,打印时应用在图纸(A1 或 A2),特别是水深图和架空电缆的跨河缆线立面图,应能清楚看清水深数字和拟建缆线在河段范围内的最低点高程和通航净高。

4.2.8 有关专家关于施工通航安全保障方案的论证意见

保障方案通过论证后,应附专家组的意见及专家名单表(签名表),并根据专家组的意见所做的修改情况进行说明。

4.2.9 模拟仿真试验

模拟仿真试验的目的是对在架空电缆过江施工时,船舶航行通过施工水域时的安全性与可行性进行分析。船舶操纵模拟器能够模拟船舶的操作环境,还能够记录下船舶的运行状态,能够多次进行演练。在进行船舶操纵模拟仿真试验的时候,需要选择合适的软件对试验的结果进行可行性分析。在对航道通航安全进行模拟评估研究时,需要考虑运用大型的船舶操纵模拟器,其中需要考虑到航道尺度大小、极限通航条件以及航道情况。架空电缆过江的施工,如对航道的通航影响较大,需要进行模拟仿真试验时,应找专门开展模拟仿真试验的院校或公司进行,以确保模拟仿真试验的安全性。

总之,对架空电缆过江的船舶通航安全保障方案设计,应重点突出以下内容:

(1)有关工程航段河床演变、地质条件等的分析;

(2)工程航段航道、港口发展规划分析,船型发展趋势和通航需求分析;

(3)项目施工工程选址、通航净空尺度(包括通航净空高度、通航宽度、通航水深)和船舶通过能力分析;

(4)架空电缆过江施工对工程所在水域的影响及安全保障措施。

4.3 保障方案设计目录(参考)

4.3.1 封面

××架空电缆过江的船舶通航安全保障方案

编制单位:××

委托单位:××

  年 月 日

4.3.2　扉页

编制单位:××

单位负责人:××

技术负责人:××

项目负责人:××

项目组成员:××　××　××

4.3.3　目录

第5章 架空电缆过江船舶通航
保障方案设计示例

根据前面介绍的内容及设计要求,在本章中设计一个架空电缆过江船舶通航安全保障方案示例和一个架空电缆跨越某河水道施工方案示例,以供相关人员在进行架空电缆过江船舶通航安全保障方案编制时借鉴、参考。

5.1 架空电缆过江船舶通航安全保障方案设计示例

5.1.1 概述

5.1.1.1 项目概述

1.项目背景

××省××市发布了《××市国民经济和社会发展第十三个五年规划纲要》,纲要规定"十三五"期间,建立现代能源保障体系,以保障能源供应、优化能源结构为重点,加快热电联产、热电冷联供、天然气输送等重点能源基础设施项目建设,建成××热电联供工程等一批重大能源项目。大力发展清洁能源,加强天然气发电,鼓励发展光伏发电、风电、生物质发电。加大电网建设投入,推进城乡配电网、变电站等升级改造,建设区域智能电网试点工程。提升电网承接各类电源接入能力和抗灾减灾能力。加大新能源汽车充电桩等配套设施建设。强化油气管道保护和应急管理,提高能源安全储备保障能力。到2020年,天然气高压供应管道里程达230 km、供应能力达50亿元/年,消费占比达55%以上,电力装机容量超过637万 kW。××电厂为了满足输送电需求,将在××市开发区、××镇、××镇新建架空线路,路径长9.37 km,电缆线路0.8 km,××站扩建4个出线间隔,来提高电网供电能力和安全可靠性,对加快当地经济发展具有重要作用。

本工程为××电厂冷热电联产项目(3×39万 kW)接入系统220 kV××站至××站双回送电线路(架空部分)工程 D79 至 D80 挡(589 m)跨越××水道的送电线路,××水道跨越段长约260 m,受××工程有限公司委托,××学院为工程施工项目编制架空电缆过江船舶通航安全保障方案。

根据现场勘查,本次施工跨越××河,须临时警戒,架线工程施工对××河段通航安全有一定影响。根据《中华人民共和国水上水下活动通航安全管理规定》以及工程建设的其他相关资料、施工方案,参照中华人民共和国海事局《涉水工程施工通航安全保障方案编制与技术评审管理办法》的要求,本着实事求是的原则,形成本方案。

2. 编制依据

（1）法律法规

①《中华人民共和国航道法》（中华人民共和国主席令第十七号，2014 年 12 月）

②《中华人民共和国海上交通安全法》（2016 年修订）

③《国务院关于加强交通运输安全工作的决定》（国发〔1988〕48 号）

④《中华人民共和国内河交通安全管理条例》（中华人民共和国国务院令〔2002〕第 355 号）

⑤《电力设施保护条例》（国务院令第 239 号）

⑥《中华人民共和国航标条例》（中华人民共和国国务院令第 187 号）

⑦《中华人民共和国航道管理条例》（国务院令〔2008〕第 545 号）

⑧《中华人民共和国航道管理条例实施细则》（中华人民共和国交通运输部令 2009 年第 9 号）

⑨《中华人民共和国水上水下活动通航安全管理规定》（中华人民共和国交通运输部令 2019 年第 2 号）

⑩《涉水工程施工通航安全保障方案编制与技术评审管理办法》（海通航〔2019〕147 号）

⑪《中华人民共和国内河避碰规则》（交通部令〔1991〕30 号，交海发〔2003〕357 号修订）

⑫《关于加强建设项目安全设施"三同时"工作的通知》（发改投资〔2003〕1346 号）

⑬《内河航标管理办法》（交通部令〔1996〕2 号）

⑭《中华人民共和国海事行政许可条件规定》（中华人民共和国交通部令 2006 年第 1 号）

（2）规范文件和技术标准

①《内河通航标准》（GB 50139—2014）

②《内河助航标志》（GB 5864—1993）

③《内河交通安全标志》（GB 13851—2009）

④《架空输电线路运行规程》（DL/T 741—2019）

⑤《通航海轮桥梁通航标准》（JTJ 311—1997）

⑥《河港工程总体设计规范》（JTJ 212—2006）

⑦《±800 kV 架空输电线路张力架线施工工艺导则》（DL/T 5286—2013）

⑧《110 kV～750 kV 架空输电线路设计规范》（GB 50545—2010）

⑨《110 kV～750 kV 架空输电线路施工及验收规范》（GB 50233—2014）

⑩《港口与航道水文规范》（JTS 145—2015）

⑪《航道整治工程技术规范》（JTJ 312—2003）

⑫《内河航道维护技术规范》（JTJ 287—2005）

⑬《内河航道与港口水文规范》（JTJ 214—2000）

⑭《船舶交通管理系统工程技术规范》（JTJ/T 351—96）

⑮《水上安全监督站配布条件及设施设备配备要求》（JT/T 335—1997）

⑯《110 kV～750 kV 架空输电线路施工质量检验及评定规程》（DL/T 5168—2016）

⑰《广东省内河航运发展规划》

⑱《广东省航道发展规划（2020—2035 年）》

⑲《2011 年广东省航道局内河航道维护标准》

⑳《广东省内河高等级航道维护标准(2017 年版)》

㉑《广州内河港总体规划》

㉒委托单位与我公司签订的合同

5.1.1.2　工程概况

1.工程建设单位情况

建设单位:××供电局有限公司

设计单位:××电力设计院有限公司

施工单位:××电力工程有限公司

2.工程位置

本工程跨××水道段位于××市××镇浪迪甲、乙线下游约 80 m,与浪迪甲、乙线平行布置。距下游××路 2.2 km,距上游××桥约 2 km。

3.设计方案

第四标段从××线塔开始,线路在某水道南侧左转,由东向西北走线,经浪涌口,到浪迪甲、乙线东侧后右转,平行浪迪甲、乙线跨越某水道,进入××镇,其中跨该水道采用双回路直线塔(D79、D80),具体如图 5 - 1、图 5 - 2 所示。

拟建电缆一跨过河,其弧垂最低点为 32.23 m(85 高程),跨越工程施工所在的水道河水宽约 260 m,塔基 D79 至塔基 D80 的距离为 589 m。

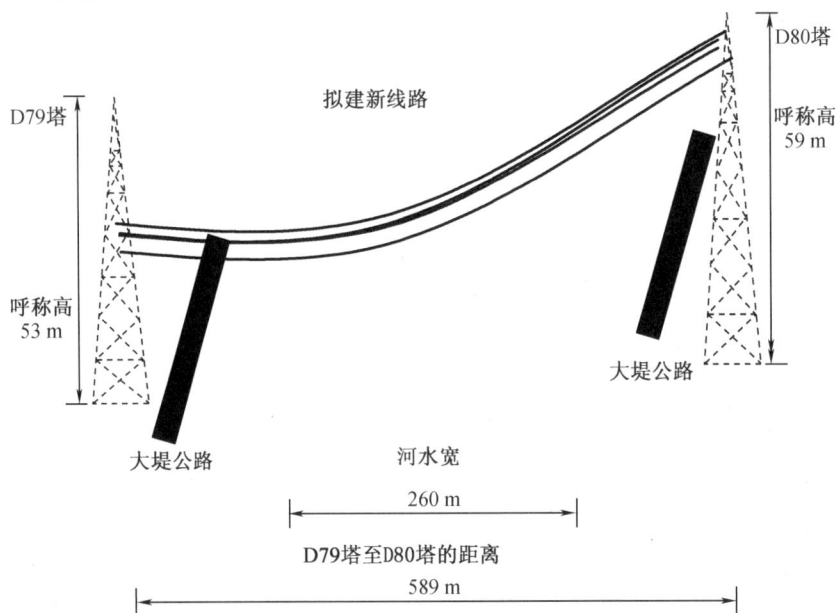

图 5 - 1　跨越现场示意图

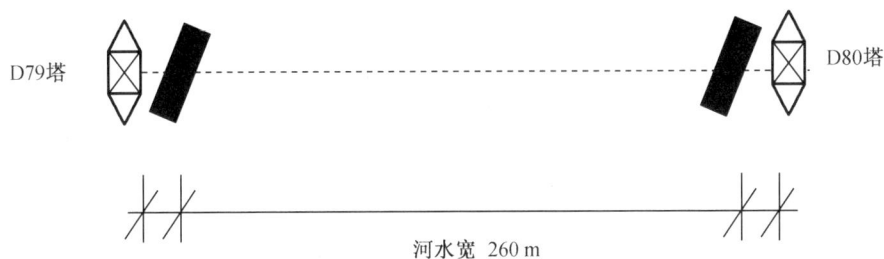

河水宽 260 m

图 5 - 2　跨越平面示意图

4. 气象条件

根据初设批复,本工程线路基本风速取 33 m/s(10 m 高度)。本工程设计选用的气象组合条件见表 5 - 1。

表 5 - 1　气象组合条件

气象条件	气温/℃	风速/(m·s^{-1})	覆冰厚度/mm
最高气温	40	0	0
平均气温	20	0	0
最低气温	0	0	0
基本风速	20	33(10 m 高度)	0
覆冰	0	0	0
安装	5	10	0
外过电压(有风)	15	15	0
操作过电压	15	18	0
雷电日/(日/年)	87		

5. 导线、地线

本工程线路导线铝截面选用 2×630 mm^2。其经济输送容量约 412 MVA;70 ℃极限输送容量 731 MVA;80 ℃极限输送容量 764 MVA。经 2014 年、2015 年潮流计算,正常运行方式下,该双回线路输送容量约 2×250 MVA、2×224 MVA;"N - 1"情况下输送容量约 391 MVA、305 MVA。导线截面选择满足运行要求,且留有裕度。导线采用双分裂结构,子导线垂直排列,分裂间距为 600 mm。

6. 导线、地线防震

本线路工程导线和地线分别采用音叉式防震锤作为防震措施,导线选用 FR - 4/39 型,地线选用 FR - 2C 型。

7. 绝缘配置

参照《广东省电力系统污区分布图》(2014 年版),本工程线路所处污区为 d 级污区。根据污区等级,按照《110 kV ~ 750 kV 架空输电线路设计规范》及《××电网公司防污闪工作管理规定(修订)》规定,对玻璃和瓷绝缘子,d级污区的电瓷外绝缘配置的爬电比距(以系统最高运行电压计算)为2.48~2.78 cm/kV(悬垂串玻璃和瓷绝缘子的外绝缘配置应按绝缘子的爬电比距与该绝缘子爬电距离有效系数的乘积值来考虑)。复合绝缘子d级污区爬电比距(以系统最高运行电压计算)不小于2.5 cm/kV。从现场踏勘了解到线路所处地区经济发达,工业污染有逐步加重的趋势,因此设计考虑本工程外绝缘爬电比距按d级污区中上限值选用。

8.金具

本线路所采用的金具主要选自中华人民共和国电力行业标准《悬垂线夹》(DL/T 756—2009)、《耐张线夹》(DL/T 757—2009)、《接续金具》(DL/T 758—2009)、《连接金具》(DL/T 759—2009)。耐张线夹、接续管采用液压型。

9.防雷接地

本线路采取的主要防雷保护措施如下。

(1)全线路架设两根地线作为防雷的主要保护措施。

(2)铁塔上两地线间距离不超过导线、地线间垂直距离的5倍。

(3)在+15 ℃气温、无冰、无风时,挡距中央导线、地线间净空距离S满足:

$$S \geqslant 0.012L + 1 \quad (m)$$

式中,L为挡距,单位为m。

(4)对同塔多回架设线路采用差绝缘设计。

(5)防雷保护角:铁塔的防雷保护角均不大于0°。

10.导线与房屋、树木的最小距离

220 kV送电线路导线与房屋、树木的最小距离按以下原则确定:

(1)线路不应跨越屋顶为易燃材料制成的建筑物。对耐火屋顶的建筑物,如需跨越时应与有关部门协商或取得当地政府的同意。在最大计算弧垂情况下,导线与建筑物之间的最小垂直距离不得小于6.0 m。

(2)在最大计算风偏情况下,边导线与建筑物之间的最小距离不得小于5.0 m。

(3)在无风情况下,边导线与不在规划范围内的城市建筑物之间的水平距离不得小于2.5 m。

11.标识牌

本工程线路每基杆塔均须安装杆号牌、警告牌、宣传牌、回路标志牌及相序牌。

12.铁塔与基础

(1)本工程中线路采用220 kV双回路2F2W8系列铁塔。220 kV双回路2F2W8系列所有塔型均为角钢塔,主材采用Q420,其他构件的材质采用Q345和Q235。

(2)登塔措施:本工程铁塔登塔措施为弯钩式脚钉,塔脚板以上1.5 m开始设置,按450 mm左右的间距从下往上正侧面均匀交错布置。四回路钢管塔的塔身应设置防坠落装置(局部设有直爬梯塔身段不设)。

(3)防盗措施:为保证线路的安全运行,在塔的基础面起9 m(以短腿为准)内塔身部分采用防盗螺栓。

（4）防松措施：在长期风荷载作用下，常常引起导线、塔的振动及导线的舞动，导致铁塔部分螺栓易自然松动。为防止螺帽松动或脱落给塔的安全运行造成危害，在全线铁塔除防盗螺栓外其余螺栓均安装防松扣紧螺母。

（5）抗震要求

本工程的抗震设防烈度为7度，设计地震分组为第一组，设计基本地震加速度为0.10 g。根据《电力设施抗震设计规范》（GB 50260—2013）及《110 kV～750 kV架空输电线路设计规范》（GBZSED 50545—2010）的规定，不需要进行抗震验算。

（6）根据本段工程平地杆位主要采用单桩连梁灌注桩和四桩承台灌注桩，部分灌注桩明确采用冲孔桩设备施工，其余采用钻孔灌注桩设备施工。若施工时，受场地地质影响，也可能改用冲孔桩设备施工。

13. 航道等级

根据广东省交通厅及广东省发展和改革委员会《关于印发广东省内河航运发展规划（2010—2020年）的通知》（粤交规〔2011〕122号）和原交通部、水利部和国家经济贸易委员会《关于内河航道技术等级的批复》（交水发〔1998〕659号），工程施工所在的33 km河段规划为Ⅲ级航道。

14. 代表船型

根据《内河通航标准》（GB 50139—2004）、《珠江干线货运船舶船型主尺度系列》（JT/T 559—2004）以及《广东省内河航运发展规划（2010—2020年）》的有关规定、推荐船型，并结合《工程施工所在的水道（含黄沙沥）航道工程工程可行性研究报告》对规划和现状船型论证结果，本报告取工程所在的水道代表船型见表5－2。

表5－2　代表船型现状表

序号	船舶吨级	主尺度 $L \times B \times D \times d/m$	主机型号×数量	功率 /kW	船速 /kn
1	300 t 货船	$40.0 \times 8.8 \times 1.78 \times 1.40$	6135C×1	110	12
2	500 t 货船	$45.0 \times 9.5 \times 2.8 \times 2.2$	6100A×1	136	15
3	1 000 t 货船	$49.8 \times 12.0 \times 3.5 \times 2.6$	6100A×2	272	17
4	300 t 多用途集装箱船	$39.0 \times 7.4 \times 2.7 \times 2.0$	6135C×2	220	13
5	500 t 多用途集装箱船	$46.0 \times 9.9 \times 3.0 \times 2.4$	6160A×2	404	14
6	1 000 t 多用途集装箱船	$49.9 \times 12.8 \times 3.6 \times 2.7$	NTA855×2	474	18
7		$49.9 \times 15.6 \times 4.0 \times 2.8$	NTA855×2	474	18
8	500 t 砂船	$47.8 \times 11.3 \times 2.25 \times 2.1$	EF750×2	368	19
9	1 000 t 砂船	$53.8 \times 11.9 \times 3.3 \times 2.3$	康明斯×2	426	19
10	1 500 t 砂船	$65.0 \times 12.5 \times 4.5 \times 3.2$	NTA855×2	436	19

15. 设计水位

设计最高通航水位

根据《内河通航标准》(GB 50139—2004)规定,不受潮汐影响或潮汐影响不明显的河段,Ⅲ级航道设计最高通航水位采用 20 年一遇洪水水位。潮汐影响明显的河段,设计最高通航水位采用年最高潮位频率为 5% 的潮位,按极值 Ⅰ 型分布律计算确定。

①根据设计,已向××市水务局取得××水道 20 年一遇洪水位为 2.71 m(珠基),换算为 85 高程为 3.45 m。

②××水道为受潮汐影响不明显的河段,设计最高通航水位采用 20 年一遇洪水水位。本工程距二窖口水闸约 600 m,经《西、北江下游及其三角洲网河河道设计洪潮水面线》(珠基)推算至工程位置,20 年一遇洪水水位为 2.65 m(珠基),换算为 85 高程为 3.39 m,见表 5-3。

表 5-3　××水道现状洪潮水面线(珠基,m)

断面名称	断面说明	里程/m	水位		
			洪潮频率 0.33%	洪潮频率 2%	洪潮频率 5%
工程施工所在的水道 38	滘口闸	25 907.5	3.11	2.82	2.68
工程施工所在的水道 45	—	31 262.5	2.92	2.57	2.39

《西、北江下游及其三角洲网河河道设计洪潮水面线》(珠基)统计资料较早,综合考虑取值,本报告采用设计最高通航水位 3.45 m。

16. 通航净高

根据设计,××水道河宽范围内,拟建缆线的弧垂最低点高程为 32.23 m,如图 5-3 所示。

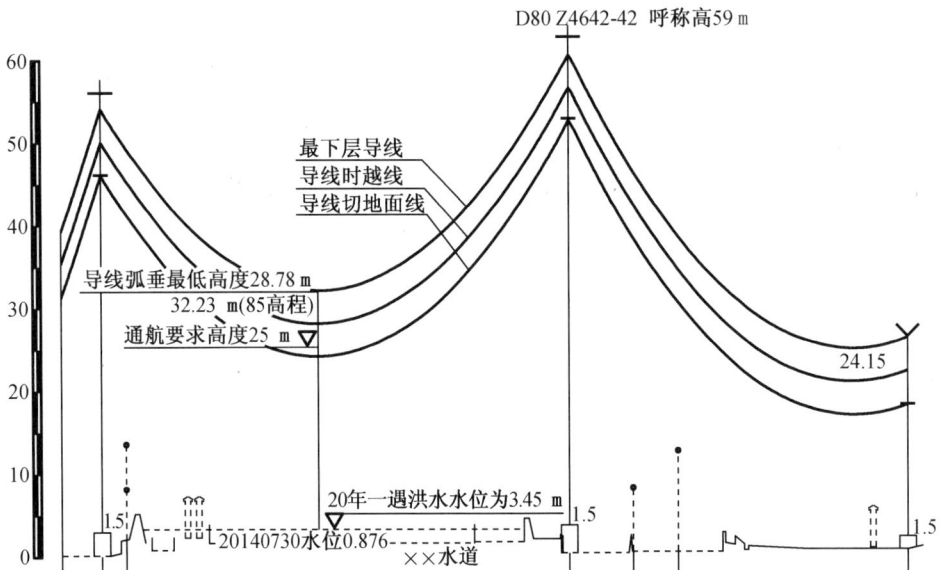

图 5-3　拟建缆线立面图

5.1.2　施工方案

根据本工程现场实际情况,为确保本次工程施工所在的水道架空电线施工能顺利进行和工程施工所在的水道船舶航行安全,架线施工期间须对该区段的工程施工所在的水道进行封航管理。

1. 主要施工方法

根据工程施工说明书,工程施工的主要步骤如下:

(1)陆上架设跨越架,完工后,将导地线、金具等材料运输到位。

(2)将引导绳铺设到水道旁,做好封航后,利用施工动力伞展放引绳带导至对岸。

(3)开始展放导地线,采用张力放线,将所放导地线升空直至满足通航的安全高度后,临锚于塔身。此时恢复通航,每相邻锚于塔身的导地线或牵引绳设双保险,防止意外落线,保证通航安全。

(4)逐一紧线。

2. 施工期间封航计划

根据设计及工程进度,计划××年××月进行施工建设,本工程跨工程施工所在的水道封航时间约 10 天,10 天内,水道施工封航时间为上午 7:00 至下午 5:00,其他时间为非封航时间,非封航期间暂停施工。封航时间的每天下午 5:00 以前将所放导地线升空直至满足通航的安全高度后,临锚于塔身,并在每相邻锚于塔身的导地线或牵引绳设双保险,防止意外落线,保证通航安全。

工程施工所在的水道夜间恢复通航时,引绳或导地线弧垂最低点距江面净空高度控制在 25 m 以上。(工程施工所在的水道规划为内河Ⅲ级,××航道局的复函计算的 25.0 m 以及按照规范计算的净高 15.5 m,本工程跨越工程施工所在的水道,缆线弧垂最低点至设计最高通航水位的距离要求取较大值 25.0 m。)

3. 施工流程(图 5-4)

4. 封航施工人员组织

为确保送电线路工程(大跨越段)架线施工能安全、按期、优质完成,本工程由施工单位项目部负责,并由项目经理任现场总指挥。

(1)现场组织机构(图 5-5)

(2)工程组织系统

建设地点:××省××市

建设单位:××电网有限公司××供电局

设计单位:××电力设计院有限公司

监理单位:××工程咨询有限公司

要求质量标准:满足国家施工验收规范,合格工程标准,达标投产。

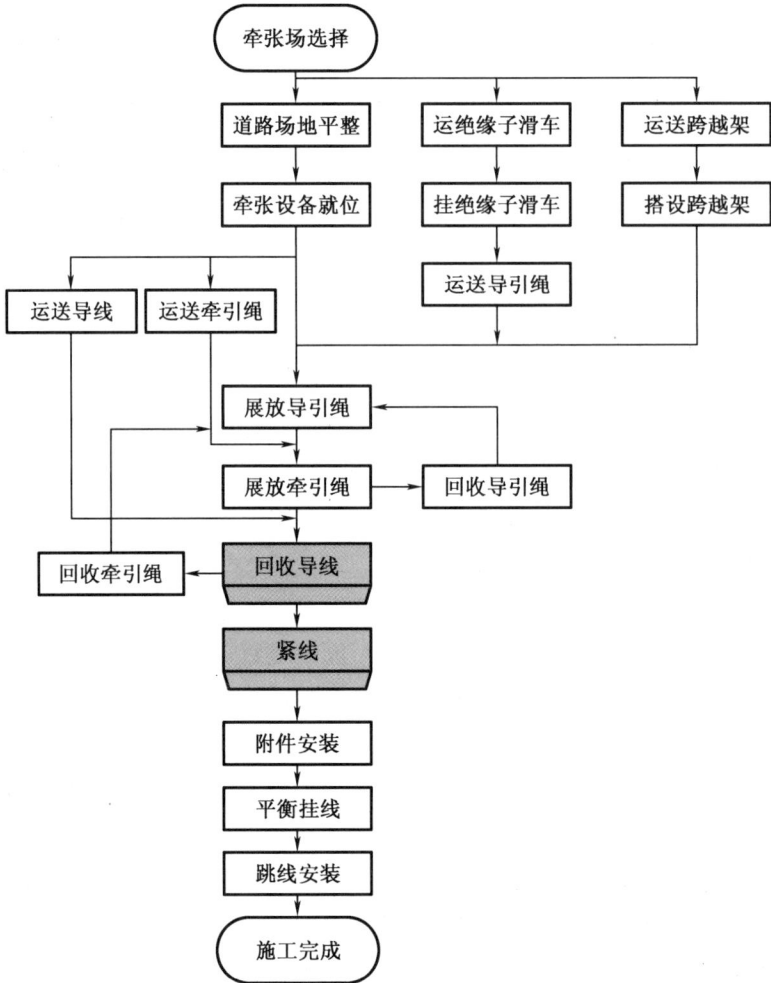

图 5-4 施工流程图

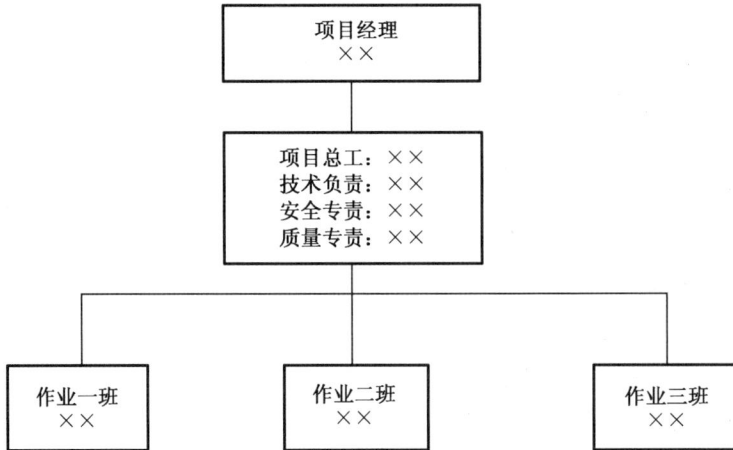

图 5-5 现场组织机构

（3）人员组织（表5-4至表5-7）

表5-4　施工人员配备及主要负责人

分工	施工人员数量/人	负责人
准备队	20	××
放线队	30	××
紧线、附件队	33	××

表5-5　架线准备队人员组织及施工任务

序号	工种	技工/人	力工/人	合计/人	主要工作任务
1	现场安全监护	1	—	1	
2	架子工	5	—	5	
3	高处作业	4	—	4	1.挂滑车；
4	地面	3	3	6	2.搭设跨越架；
5	机动绞磨机手	2	—	2	3.展放导引绳
6	测工	2	—	2	
	合计	17	3	20	

表5-6　放线队人员组织及施工任务

序号	工种	技工/人	力工/人	合计/人	主要工作任务
1	现场指挥	1	—	1	
2	张力场安全监督	1	—	1	
3	牵引场安全监督	1	—	1	
4	牵张机手	4	0	4	
5	起重工	2	2	4	导地线的架设
6	高空作业	6	4	10	
7	尾车及线轴看护	—	4	4	
8	跨越及控制挡监护	5	—	5	
	合计	20	10	30	

表5-7　紧线、附件队人员组织及施工任务

序号	工种	技工/人	力工/人	合计/人	主要工作任务
1	现场指挥	1	—	1	1. 导地线紧线； 2. 导地线附件安装
2	现场安全监护	2	—	2	
3	高处作业	4	10	14	
4	地面	2	10	12	
5	机动绞磨机手	2	—	2	
6	测工	2	—	2	
合计		13	20	33	

(4)架线施工要求

①架线施工前,对参加施工的全部人员进行技术和安全交底并签字,所有人员均经安全考试合格后方可参加施工。

②对架线施工的工器具进行拉力试验,合格方可使用;并对大型机械设备进行空载运行试验,确保运转情况良好。

③所有作业人员持证上岗,并持有××电网公司进网作业许可证。

④封航期间,实施安全警戒,在施工水域上、下游各设封航警戒船1艘,禁止无关船舶进入施工水域。

5. 主要施工设备

(1)施工设备(表5-8)

表5-8　施工设备表

序号	名称	型号、规格	数量	备注
1	主张力机	一牵二	2	
2	主牵引机	一牵二	2	
3	小张力机	一牵一	2	
4	小牵引机	一牵一	2	
5	牵引绳	φ24	20 km	
6	导线尾车	台	8	
7	放线架	台	4	
8	走板	一牵二	2	
9	吊车	8t	2	
10	锚线架	—	12	
11	旋转连接器	36t、8t	5,20	
12	抗弯连接器	8t	50	

表5-8(续)

序号	名称	型号、规格	数量	备注
13	蛇皮套	单头导线	24	
14	蛇皮套	双头导线	8	
15	手扳葫芦	3t、6t	40,20	
16	铁地锚	5t、7t	30,15	
17	挂胶锚线绳	各规格	—	
18	转向滑车	15t	3	
19	接地滑车	铝轮、钢轮	8,4	
20	车载台	套	3	
21	对讲机	台	15	
22	望远镜	台	15	
23	液压连接机具	套	4	
24	卡线器	LGJ-400/35	80	
25	牵引绳	套	8	
26	导引绳	套	10	
27	断线钳	套	6	
28	动力伞	把	1	

(2)警戒及施工船舶

本项目计划投入封航警戒船2艘,交通运输船1艘,指挥巡逻船2艘,封航警戒船距上游约500 m,距下游约500 m。

6. 施工准备

(1)架线前对所组立的铁塔按下列要求进行检查验收:

①塔材齐全,螺栓紧固,并达到扭力标准,紧固率不小于95%。

②直线跨越塔倾斜在控制标准以内,转角塔预偏满足设计和质量评定标准的要求,地脚螺栓紧固良好,接地电阻符合设计要求,铁塔验收缺陷处理完毕,再复检。

③挂线架安装正确,挂线孔不错位。

(2)检查运输道路,选择牵引场、张力场,对不能满足运输及场地摆设要求的,进行修整、加宽、加固。

(3)本放线段牵引机、张力机事先进场并摆放好位置。

(4)提前向相关部门申请办理封航手续。

(5)申请办理跨越段内的电力线和相关道路的跨越手续,联系好跨越的厂房并提前做好跨越架搭设措施。

(6)施工及警戒船要确保船舶适航、船员适任,进港(施工前)到××海事处办理签证手续;施工及警戒船只提前一天进入封航区域并尽量靠近岸边锚泊;施工及警戒船锚泊时按规定显示相关信号。

（7）铁地锚埋深 2.5 m，用 15 t 卸扣把 $\phi21.5\times3.8$ m 地锚套与铁地锚连接，地锚套上部用 6 t 手扳葫芦与张力机连接并调紧，使张力机在放线过程中稳固。

（8）展放导引线时，先将导引绳从两基锚塔分别展放至两基跨越高塔过滑车后将导引绳临锚于塔脚，待江面段封航后再放通对接。

7. 施工作业顺序

（1）展放导引绳准备

①接到封航指令后，警戒船就位并按规定显示封航信号，快艇迅速将工程施工所在的水道封航。

②根据动力伞架线施工要求准备好相关设备，人员就位。所有人员应在作业开始之前进行完全有效沟通，确定各自的职责并互相配合。地面指挥人员是工程的指挥核心，也是地面与空中动力伞直接联系人，作为沟通安排的主要人员，负责包括起飞时间、人员配合、展放方式、线路勘察、展放引绳的分界点等事宜，其他人员必须服从指挥。

（2）展放导引绳

①D79 至 D80 段使用动力伞展放两根初级导引绳，初级导引绳采用迪尼玛绳。

②初级导引绳放通后，在 D79 塔下将初级导引绳（通过滑车）与一级导引绳丙纶绳接上，D80 塔下绞磨机进行收紧，一级导引绳丙纶绳展放完毕后，继续展放二次导引绳迪尼玛绳，二次导引绳迪尼玛绳展放完毕后继续展放三级导引绳钢丝绳。

（3）放紧线施工

①D79 至 D80 段导引绳钢丝绳贯通后，完成导引绳连通工作。连接好牵引系统，启动小牵机缓慢进行导引绳牵引，清除障碍缓慢升空，进行放紧线施工，完成跨越工作。

②将导引绳绕过张力机，用网套与牵引绳连接，将导引绳通过牵引机，慢慢启动牵引机，开始牵引。

③在牵张机前安装接地滑车，设置良好可靠接地。

④为确保安全，应根据放线所定跨越线架高度，跨越线挡挡距，按导线距离跨越架顶 1 m 来计算需要的放线张力和牵引力，放线的牵张力不得小于此值，保证在放线过程中，线头不拖挂跨越架。

⑤在牵引施工过程中，设专人监护导引绳及导地线对河面的高度，适时调整张力；紧线队必须做好准备，弛度观测人员须做好观测弛度的准备。

⑥牵引逐相进行，放完一相及时进行紧线挂线一相，等导线、地线收紧到弧垂值时划印，压接挂线后及时进行附件安装工作。

（4）动力伞介绍

动力伞主要由滑翔伞和发动机两大部分组成，依靠发动机进行动力助推，在地面滑行后升空，靠马达叶片产生的推力向前飞行，依据"伯努利定律——流速与压力成反比"，在空中滑翔、滞空，并利用对伞绳的 F 拉操纵来改变飞行方向，控制马达油门使动力伞升空、降低或降落。任何一个障碍物较少、迎风的斜坡或平整的场地均可作为动力伞的起飞场地。检查动力伞各部位的连接是否正确、牢固，发动机性能是否正常，飞行人员是否戴好保护用品，一切正常后，便达到了安全起飞的条件。动力伞的着落场地，一般需要选择在其航线上无高大建筑物和涡流区,视线良好,一定范围内不应有电线、树木或其他建筑物的场地,以便有经验的飞行员能在平坦场地上安全着陆。若场地自然条件比较好,起飞场地同时可兼作降落场地,如图 5-6 所示。

动力伞作为空中飞行的物体,其安全性极为重要。其发动机采用双回路点火系统,几乎不存在熄火的可能性,即使发生空中停车,它就会变成一具普通的滑翔伞,仍能确保飞行员安全返回地面。动力伞与其他轻型飞行器的差别在于,它的飞行技术简单易学,抗误操作能力强、飞行灵活、受场地限制小,能够在马路、操场或田间地头起飞,这也是动力伞最主要的优点。动力伞的飞行受天气影响较大,须在风速低于 7 m/s 的情况下飞行,同时还要保证气流达到

图 5-6　动力伞具体施工示意图

飞行标准,为保证安全,可以选择在气流相对稳定的清晨或者傍晚飞行。

①场地、气象要求

要求跑道长度 100 m,宽度不小于 30 m,净空长度在 150 m 范围内无高度 3 m 以上的障碍物,表面平整,海拔低于 2 000 m。场地的选择作为飞行作业初选方案,可推荐给飞行员,待飞行员勘察后确定。气象条件要求无雨、雪等强对流天气,风力小于 4 级,空气能见度不低于 500 m,无过强上升或下降气流。

②飞行作业

动力伞到达起飞场地后,首先要进行场地适应性试飞,了解场地周边的地形、气流及备降场地等情况;还应对施工空域进行考察性试飞,通过试飞了解施工的线路走向、线塔分布排序情况、跨越物及线路周围的障碍物等情况;带线飞行,起飞前后要跟地面指挥保持联系,展放前在放线路段进行模拟试飞,了解该路段当时的风速和气流等情况后,跟地面人员联系确认抛沙袋展放。

③设备器材

动力伞设备配件及设备的相关维修、维护由飞行方提供,施工用迪尼玛绳由施工方提供;塔上绑扎物和标志旗,施工方应在飞行作业前布置完毕;用于空中与地面的通信设备由施工方统一提供(频率一致的对讲机)。

④人员配备

飞行人员:包括飞行员、放线员、地勤人员。

施工人员:包括地面施工人员、塔上人员。

地面指挥:包括工程总指挥和飞行地面指挥。

8. 施工气象条件限制

水上施工作业应在 4 级风以下进行,如在施工期间出现大于施工气象限制条件的恶劣

天气将采取以下措施:

①将跨越水域的导引绳及展放的导地线全部升空并保证对水面不小于25 m的净空距离,在两端可靠锚固并作双保险防止线、绳坠落。

②当水面风力达到4级以上或能见度不足时应停止作业。施工船只、人员撤离作业水域,待天气好转后再进入施工作业现场。

③跨越施工导地线架线时,采用放一相紧一相的顺序进行施工。当天不能紧的必须将导线紧至离水面25 m的安全距离,并在跨江侧安装临时防震措施。

5.1.3 通航环境分析

5.1.3.1 自然环境分析

珠江是我国七大江河之一,源于云南沾益马雄山,全长2 214 km,流域总面积45.37万 km²。珠江流域由西江、北江、东江及珠江三角洲诸河水系四部分组成,西江和北江在广东省佛山市三水区思贤滘,东江在广东省东莞市的石龙,分别汇入珠江三角洲网河区,然后经虎门、蕉门、洪奇门、横门、磨刀门、鸡啼门、虎跳门及崖门等八大口门注入南中国海,形成"三江汇流,八口出海"的水系格局。

工程河段位于珠江三角洲中部,××市境内。工程施工的水道上接容桂水道,下与小榄水道汇合,横通门水道,从蛇头至大南尾,全长33 km,该河段河面宽一般为180~530 m,河道顺直,水深基本在4.5 m以上,水流平缓,受潮汐影响。

5.1.3.2 工程区域自然条件

1. 气象

(1)气温

工程区域正常年份全年气温受海洋性季风气候调节,冬无严寒,夏无酷暑,气候温暖。年平均气温较高,夏季炎热,冬季温和,平均温度大于20 ℃的月份长达8个月。由于太阳辐射强,日照时间长,气候终年温暖。根据中山气象站1954年7月至2004年气象资料统计,珠江三角洲广州至中山一带,年平均气温为21.8 ℃,以7至8月份气温最高,月平均气温超过28 ℃。1月份气温最低,月平均气温大于3 ℃。本地区主要气温特征见表5-9。其气温主要特征值如下:

7月份平均气温:29.9 ℃;

1月份平均气温:9.2 ℃;

多年平均气温:21.8 ℃;

多年极端最高气温:36.7 ℃(1980年7月10日);

多年极端最低气温:-1.3 ℃(1980年7月10日)。

表 5 − 9　各月气温特征值　　　　　　　单位：℃

月份	最高气温	最低气温	平均气温
1	27.7	0.4	13.4
2	27.8	− 0.5	15.1
3	31.4	4.3	18.3
4	32.3	8.2	22.3
5	34.5	15.3	25.5
6	35.5	19.1	27.2
7	37.7	20.6	28.2
8	36.9	21.9	27.9
9	37.9	15.9	26.7
10	33.2	11.3	23.6
11	33.0	6.2	19.6
12	29.7	2.5	15.2
年	36.7	− 1.3	21.8

（2）降水

工程所在地面临海洋，受热带季风气候的影响，其降雨量多、强度大、年际变化大、年内分配不均匀。本区域内的降水多集中在 4 至 9 月份，期间降水量占全年降水量的 81.8%，见表 5 − 10。其降水主要特征值如下：

多年平均降水量：1 774.1 mm；

历年最大年降水量：2 394.9 mm；

历年最小年降水量：972.2 mm；

月平均最大降水量：618.4 mm（1968 年 8 月）；

日最大降水量：284.9 mm（1955 年 6 月 6 日）；

多年日降雨量 ≥10 mm 的天数为 43.1 天；

多年日降雨量 ≥25 mm 的天数为 18.7 天；

多年日降雨量 ≥50 mm 的天数为 7.7 天。

表 5 – 10　多年分级别降雨天数统计表

降雨级别/mm	平均天数
≥1	103.9
≥5	62.9
≥10	42.1
≥25	18.7
≥50	7.7
≥100	1.4
≥150	2.2

（3）风况

拟建工程所在区域为珠江三角洲地区,位于北回归线以南,南面是珠江口,濒临南海,属南亚热带海洋性季风气候。根据工程所在地 2000—2003 年地面气象观测资料统计,本地区冬季受东北季风的影响,夏季多受东南季风的控制,风向呈现出明显的季节性。春季以东北东(ENE)为主导风向,出现的频率为 12.3%,次主导风向为南南东(SSE),频率为 10.2%,其余风向的频率在 1.5% ~9.6% 之间。夏季的地面风主要以南(S)为主导风向,出现频率为 14.6%,次主导风向为东南(SE)和西南(SW),频率分别为 11.2% 和 10.6%。秋季和冬季以北(N)为主导风向,出现频率分别高达 23.1% 和 20.3%。

该地区全年常风向为东北东(ENE),频率为 15.9%,其次为东(E),频率为 13.6%,强风向为北北东(NNE),最大风速为 28 m/s,次强风向为北(N)、东南(SE)、北北西(NNW),风速达 24 m/s。本地区各方向频率,平均风速和最大风速见表 5 – 11。

表 5 – 11　工程所在地区各风向频率、平均风速和最大风速

风向	平均值/ (m·s⁻¹)	最大值/ (m·s⁻¹)	频率/%	风向	平均值/ (m·s⁻¹)	最大值/ (m·s⁻¹)	频率/%
N	3.8	22.0	7.0	S	5.1	18.0	9.1
NNE	3.7	22.7	8.1	SSW	4.7	22.0	6.9
NE	4.0	15.7	12.4	SW	3.2	22.0	2.5
ENE	4.7	27.0	15.9	WSW	2.7	23.5	1.7
E	4.2	25.0	13.6	W	2.7	22.1	2.3
ESE	4.1	33.0	4.5	WNW	3.3	19.3	2.3
SE	4.0	23.7	3.4	NW	3.7	19.0	3.1
SSE	4.3	21.0	2.9	NNW	4.2	17.0	3.7

据统计,该地区平均每年出现≥6 级风的天数为 42 天,其中出现≥8 级风的天数为 23 天。

影响珠江流域的热带气旋主要来源于西北太平洋和南海,具体位置是 50 ~210 N,1600 E 以

西的广大洋面,其中又以 90～170 N 的范围较多。根据中央气象台 1949—1977 年及 1990—1999 年的统计资料,来自太平洋的台风占 62.2%,来自南海的台风占 37.8%。在珠江口附近登陆的台风,占登陆台风的 21.94%,平均每年 1.28 个,以 1964 年为最多,全年有 5 个台风登陆,但也有全年没有台风登陆的情况发生,图 5－7 所示为工程所在区域风玫瑰图。

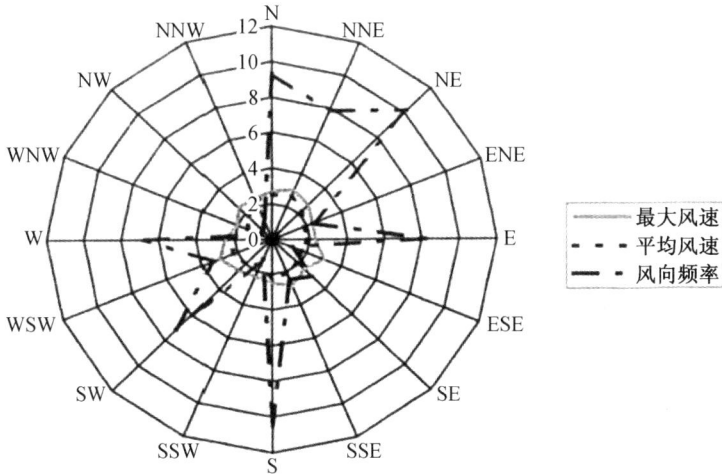

图 5－7 工程所在区域风玫瑰图

(4)雾况

工程所在区域雾日不多,多年平均雾日 19.8 天,雾日尤以冬末和早春出现较多,其中 2 至 4 月份有雾天数为 11.6 天,占全年的 59%。月平均最多有雾天数是 3 月份,与梅雨季节相应,7 至 8 月份一般无雾。

(5)雷暴

根据有关资料,该地区平均每年出现雷暴的日数为 25 天,其中 5 月份最多,平均有 7 天。雷暴最早初日为 2 月 11 日,最晚终日为 11 月 8 日;最晚初日为 4 月 28 日,最早终日为 9 月 9 日。

(6)湿度

珠江三角洲地区降水较多,气候湿润,有干湿季之分。冬季盛行干冷的东北季风,降水少,为干季;夏季,温、湿的偏南气流带来大量的雨水,为雨季。与此相适应,相对湿度春、夏季较大,最大值多出现在 5,6 月份,春末夏初阴雨连绵,相对湿度有时可高达 100%;秋冬、季节相对湿度较小,最小值多出现于 12,1 月份。本地区各月平均相对湿度见表 5－12。

表 5－12 各月平均相对湿度表

月份	平均湿度	月份	平均湿度
1	71	7	83
2	77	8	84
3	80	9	78

表 5 – 12(续)

月份	平均湿度	月份	平均湿度
4	82	10	74
5	85	11	72
6	85	12	80

2. 水文

(1)基面关系

本报告除特别说明外,水位、高程数据均采用 85 高程,珠江基面与其他基面的转换关系如图 5 – 8 所示。

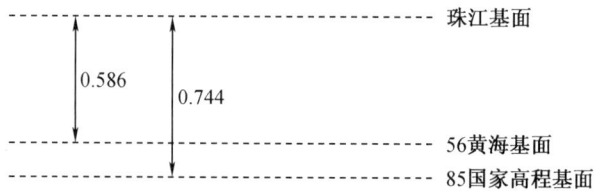

图 5 – 8　珠江基面与其他基面的转换关系

(2)径流特征

根据 1950—1980 年的水文资料统计,珠江出海年平均总径流量约为 3 260 亿 m³。其中东部四口门多年平均径流量约为 1 742 亿 m³,占总径流量的 53.4%;西部四口门多年平均径流量约为 1 518 亿 m³,占总径流量的 46.6%。八大口门的径流分配比中磨刀门最大,占总径流量的 28.3%。近年有关研究表明,1985—2000 年往东四口门的分流比有所加大,占珠江河口年径流总量的 61.0%,其中虎门占 24.5%,增加最多;西四口门占珠江河口年径流总量的 39%,各口门都有所减小。根据 1999—2006 年统计资料,东四口门的水量分配比为 59.1%,西四口门的水量分配比为 40.9%。

(3)潮汐特征

珠江口滨海区的潮汐主要是太平洋潮波经巴士海峡、巴林海峡传入。

横门潮汐属于不规则半日混合潮,日潮不等现象显著,潮位潮期均不相等。一个日周期内发生两次高潮,两次低潮,潮型一般是以高高潮→低低潮→低高潮→高低潮形式出现,大约经过 12 天,潮型变为低高潮→高低潮→高高潮→低低潮。冬春之间高高潮多出现于夜间,低低潮多出现于白天,夏秋之间则相反。受汛期洪水和风暴潮的影响,最高潮位一般出现在 6 至 9 月,最低潮位一般出现在 12 月至翌年 2 月。

(4)泥沙

根据珠江水利委员会 1999 年和 2001 年在三角洲网河区河道进行的同步水文测验结果,鸡鸦水道南头河段最大输沙率 2 490 kg/s,最小平均输沙率 914 kg/s,断面最大含沙量 0.65 m³/s。表 5 – 13 为三角洲网河区河道泥沙实测分配表,由表可见,工程河段的悬移质输沙量在洪水期、枯水期变化较大,洪水期为输沙的主要季节,虽然枯水期部分断面如黄沙沥、黄圃沥等输沙比率(占马口、三水之和的百分比)有所增加,但绝对值远少于洪季,洪水期黄沙沥输沙量为23.9万t,占马口、三水之和的3.8%,而枯水期仅为1.4万t,占马口、三水之和的4.4%。

表 5-13　1999 年及 2001 年三角洲网河区河道泥沙实测分配表

水道	断面名称	洪水期 1999 年 7 月 15 日至 7 月 24 日		枯水期 2001 年 2 月 7 日至 2 月 15 日	
		净输沙量/t	占马口、三水之和的百分比	净输沙量/t	占马口、三水之和的百分比
东海水道	南华	2 029 100	32.5	9 210	27.8
小榄水道	小榄	294 300	4.70	2 337	7.1
鸡鸦水道	南头	942 900	15.1	—	—
桂洲水道	海尾	501 600	8.00	2 024	6.1
容桂水道	容奇	777 800	12.5	3 971	12.0
黄圃沥	乌珠	108 390	1.70	619	1.9
黄沙沥	黄沙沥	239 180	3.80	1 444	4.4
横门水道	横门	890 600	14.3	-5 971	-18.0

5.1.3.3　地质地貌特征和地震

1. 地形地貌

拟建工程所在河段河岸较顺直,岸边为农田及道路,环境较简单,迎水堤坡为石砌筑堤。

根据工程施工图说明,沿线平地主要是鱼塘、蕉地、龙眼林、河涌。杆位地址一般自上而下为人工填土货耕植土,其下为淤泥,再往下地层为中粗砂、黏土、全风化花岗岩、强风化花岗岩。拟建线路场地土的类型属软弱土。

山地、丘陵主要由表层土(植物土或粉质黏土)、全风化花岗岩和强风化花岗岩组成,土层性能较好。拟建线路上的土的类型属中硬质土。

2. 地震

根据《中国地震动峰值加速度区划图》(GB 18306—2001)和《建筑抗震设计规范》(GB 50011—2010),沿线的抗震设防烈度为 7 度,设计地震分组为第一组,设计基本地震加速度值为 0.10g。

5.1.3.4　与通航有关的建筑物或设施

1. 过河建筑物

工程附近主要过河建筑物为桥梁和跨河电缆。

(1)跨河桥梁

拟建工程距上游 F 特大桥约 2.2 km,距下游 G 公路大桥约 2 km。除此之外,工程施工所在水道有桥梁 5 座,共 7 座桥梁,具体情况详见表 5-14。

表 5 – 14   工程施工所在水道桥梁一览表

序号	名称	与蛇头距离/km	建成时间	通航孔数	通航净宽/m	通航净高/m	最高通航水位/m
1	A 大桥(旧)	3.0	1982 年	1	47.1	8.2	4.894
2	B 大桥(新)	3.0	2002 年	1	47.1	10	4.894
3	C 水道大桥	9.6	2008 年	1	140	10	4.774
4	D 大桥	10.4	2010 年	1	142.9	10	4.714
5	E 大桥	16.3	1995 年	1	83.7	10	3.944
6	F 特大桥	24.7	—	1	120	12.5	3.534
7	G 公路大桥	28.9	1997 年	1	101.2	12.5	3.274

(2)跨河电缆

工程附近跨河电缆为上游约 80 m 的浪迪甲、乙线,实测跨河最低点高程为 43.55 m。

2. 临河建筑物及锚地

在工程上游 F 特大桥到下游 G 公路大桥段,主要的临河建筑物为新涌口水厂取水口、西侧船闸和西侧渡口,分别位于工程上游约 1.5 km、1.3 km 和 1.3 km 处,沿线还有众多水闸。从 2011 年鸡鸦水道测图可以看到,该段主要有腾蛇水闸、二窖口水闸、急流水闸、上深窖水闸、上欧龙水闸和六顷水闸。工程所有区域下游 100 m 处为"××客运高速船避风锚地"。

5.1.3.5   河床演变分析

1. 近期演变分析

因工程河段缺少历年测图资料,本节仅对工程河段 2016 年 12 月的水深图进行分析。

图 5 – 9 是工程河段河床 2016 年 12 月高程图,显示范围为工程上游约 450 m、下游约 500 m 的范围。由图可知,河段内水深良好,适航水域宽阔,水深基本都在 6 m 以上,部分深槽高程则达到 –7 m 左右。

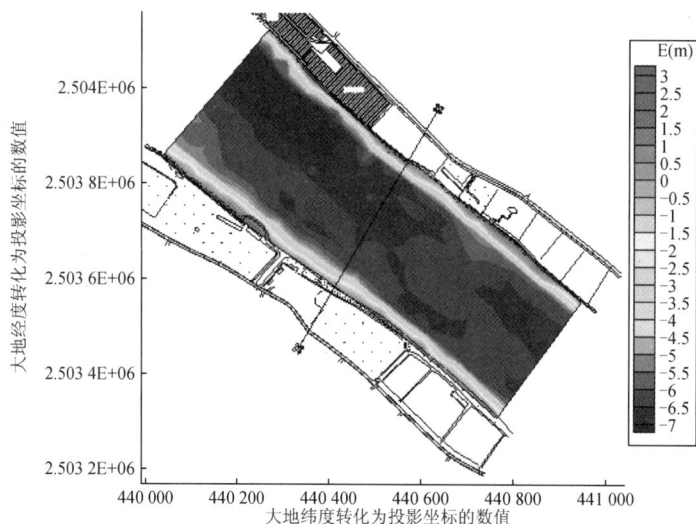

图 5 – 9   2016 年 12 月工程河段河床高程图

为了解河段河床断面情况,对工程河段布置了 5 个断面,断面分布示意图见图 5 - 10。各河床断面高程图见图 5 - 11。

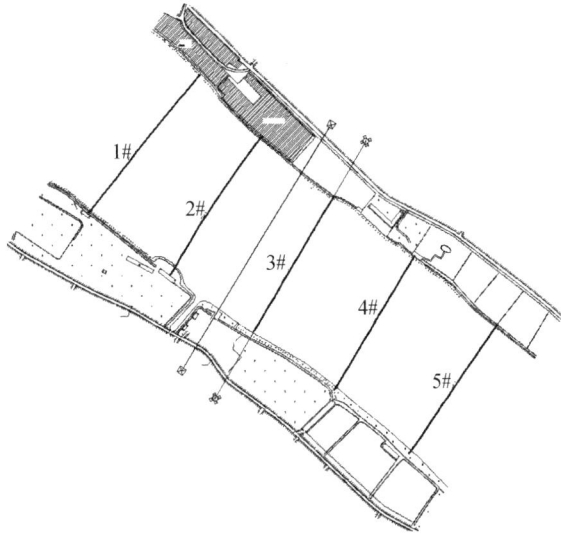

图 5 - 10　断面分布示意图

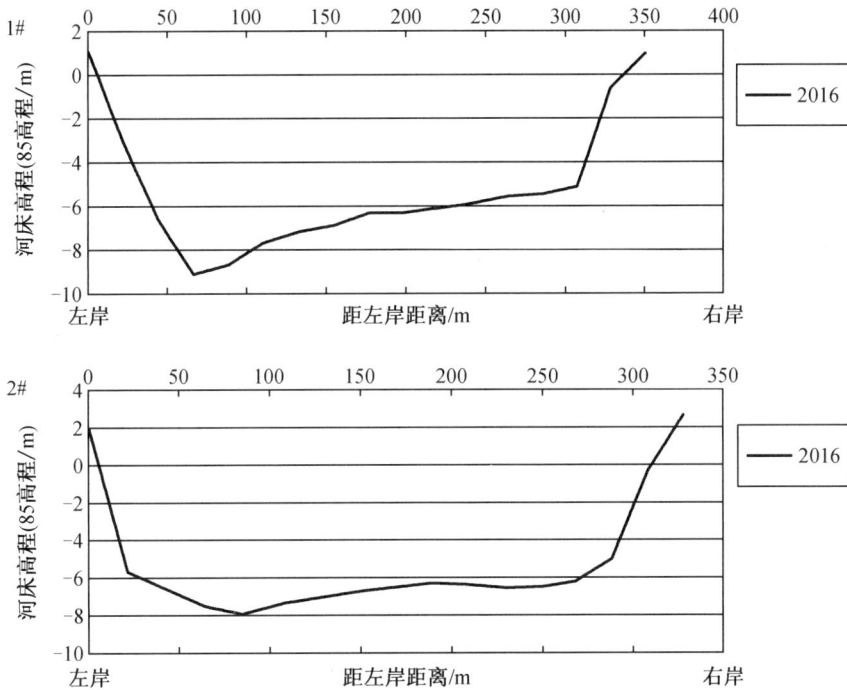

图 5 - 11　1#~5#河床断面高程图

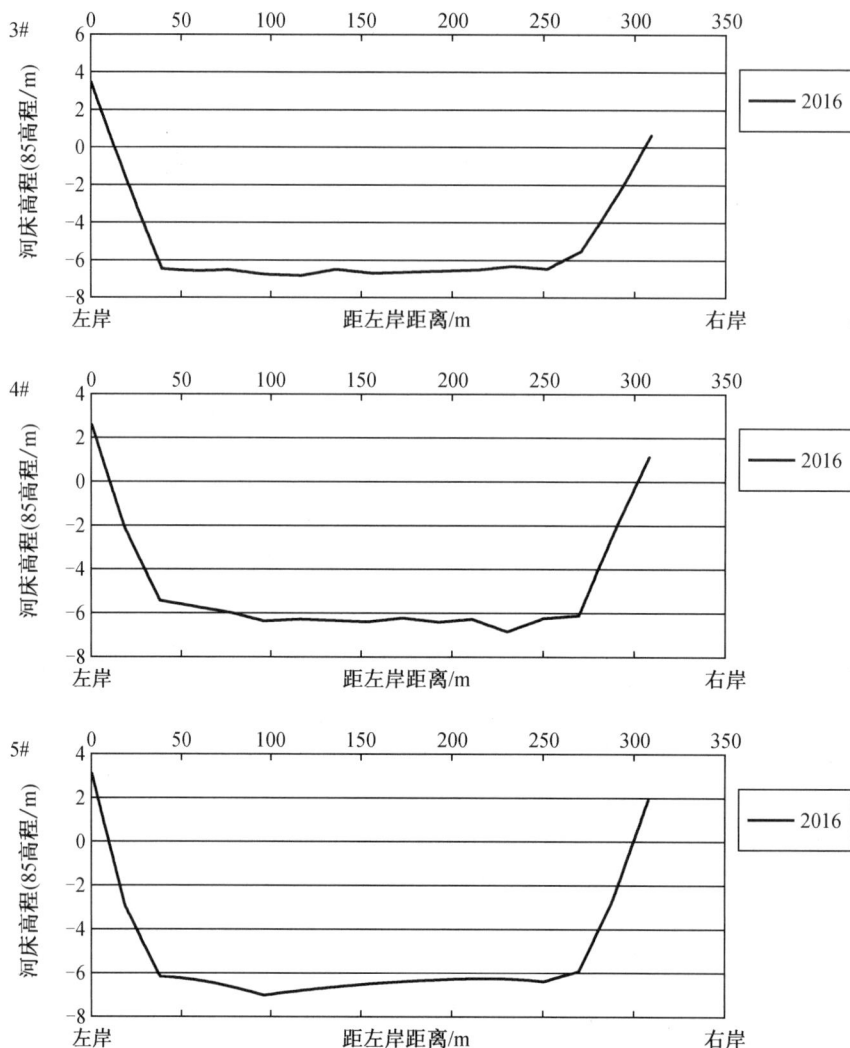

图 5-11（续）

2. 演变趋势预测

工程为一跨过河架空高压输电线,构筑物未涉水,则工程建设对河段河床演变趋势无影响。

3. 河床稳定性分析

工程所在水道段的河床高程基本一致,坡度较缓,河段内水流缓慢,不会对河床造成较大的影响。工程为一跨过河架空高压输电线,未在河中布设建筑物,不会对河床稳定性产生影响。

5.1.3.6 航道、港口及航运现状分析

1. 航道现状

工程施工所在的水道从蛇头至大南尾全长33 km,目前航道维护等级为Ⅳ级,通航500 t级船舶,维护尺度为3.0 m×55 m×330 m(水深×航宽×最小弯曲半径),通航保证率为

95%。从蛇头至大南尾33 km全程按内河一类标配布,共设有17座内河标,其中设岸上塔标7座,水中塔标10座。

2.航道规划

(1)根据广东省交通厅及广东省发展和改革委员会《关于印发广东省内河航运发展规划(2010—2020年)的通知》(粤交规〔2011〕122号),将工程施工所在的水道蛇头—大南尾33 km河段规划为Ⅲ级航道,计划2012—2020年建设。

(2)根据交通部、水利部和国家经济贸易委员会《关于内河航道技术等级的批复》(交水发〔1998〕659号),将工程施工所在的水道蛇头—大南尾33 km河段定级为Ⅲ级航道。

因此,工程施工所在的水道蛇头—大南尾33 km河段规划为Ⅲ级航道,现工程施工所在的水道正在按1 000 t的Ⅲ级航道施工建设,如图5-12所示。航道主要靠中央深槽布置,航道内水深基本在6 m以上,适航水域良好。

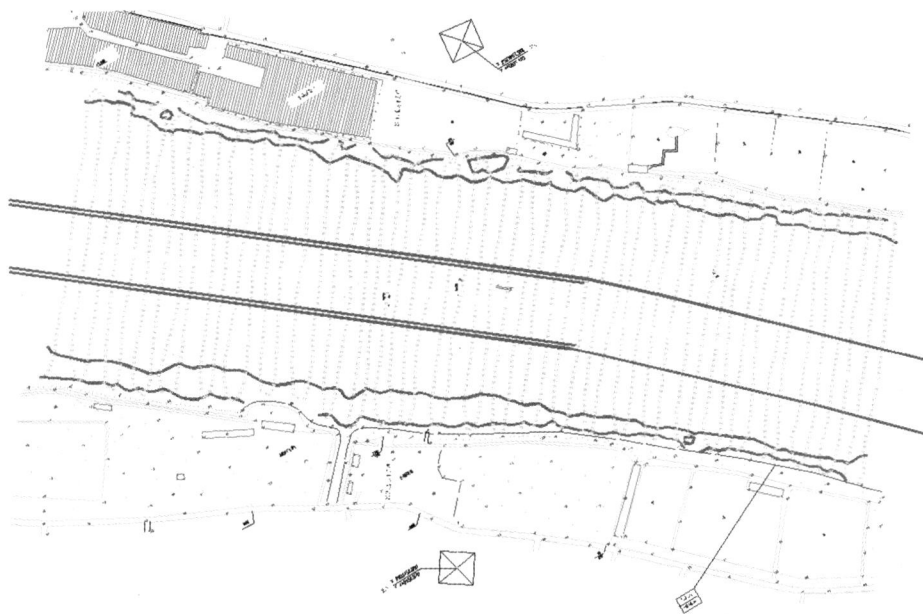

图5-12 航道布置图

3.港口现状和规划

根据《××港总体规划》,××港由××港区、××港区、××港区、××港区及××港区组成。从图5-12可知,本工程属于××港××港区。

4.港口现状

××港区位于洪奇沥水道右岸。大魁河口以下,岸线后方为××镇规划工业园区。××港区以集装箱、化工运输和发展临港工业为主,为××市北部经济组团服务。主要港口码头现状见表5-15。

表5-15 工程所在水道沿岸码头一览表

序号	码头名称	主要用途	规模/t	泊位数	设计通过能力/万t
1	A码头	液体化工	500	1	10

表 5-15　工程所在水道沿岸码头一览表

序号	码头名称	主要用途	规模/t	泊位数	设计通过能力/万 t
2	B 公司码头	通用散货	1 000	1	30
3	C 公司码头	通用散货	1 000	1	30
4	D 公司码头	通用散货	1 000	1	10
5	E 公司码头 1 号	通用散货	1 000	1	50
6	E 公司码头 2 号	通用散货	1 000	1	50
7	E 公司码头 3 号	通用散货	1 000	1	50
8	F 公司码头	—	—	1	—

5. 港口规划

根据《××港总体规划》，规划未来××港将重点发展××港区、××港区和××港区，开发建设××港区，形成大中小泊位相互配合、专业化泊位与通用泊位相互补充、公用码头与企业专用码头相互协调的"一港五区"布局。

其中，××港区主要以集装箱、化工运输为主，为××市北部经济组团服务。该作业区主要服务××镇及周边镇区。该段岸线前沿航道水深 5~7 m，水道宽度约 1 000 m，近岸水深在 3 m 左右。规划建设 1 000 t 级通用泊位，陆域纵深 400 m。

但规划岸线主要集中在××水道右岸，本工程所在水道无港口规划岸线。

6. 航运现状

工程所在水道是珠江三角洲中部非常重要的水运通道，是"三纵三横三线"中××水道的重要补充，是××等地出海的捷径，更是××市东北部城镇砂、碎石、水泥等建筑材料以及煤炭、石油等能源的运输大动脉。工程所在水道目前的货类主要以河砂、碎石、水泥等建筑材料，以及煤炭、石油等能源为主。

据统计，工程所在水道的货运量 2002 年为 571 万 t，2008 年为 1 200 万 t，2011 年为 1 366 万 t，2002 年至 2011 年年均增长约 11%，主要货种为矿建材料、水泥、石油、煤炭等，见表 5-16。

表 5-16　工程所在水道货运量情况表

货种	运量（万 t、万 TEU）		
	2002 年	2008 年	2011 年
煤炭	14	7	34
石油化工及制品	48	62	85
矿建材料	326	983	977
矿石	5.5	0.5	1
水泥	24	60	59
集装箱箱量	0.2	1	14
集装箱质量	1.6	8.0	112
其他	152	80	98
合计	571	1 200	1 366

7. 航运规划

据了解,××港2011年集装箱吞吐量为125万TEU,较2010年增长10.6%。而且目前由于××水道船舶密度较大,已经有部分船舶选择经××水道、××沥水道出海或前往××港区、广州港南沙港区,随着航道等级的提升,经鸡鸦水道、黄沙沥水道出海或前往中山马鞍港区、广州港南沙港区的船舶数量快速增长。同时在"十二五"期间,××市综合交通重点项目建设总投资为501.50亿元,其中港口投资共18.64亿元,航道投资共8.28亿元,重点建设××港区、××港区等基础设施建设。

根据《工程所在航道工程工程可行性研究报告》,结合工程所在水道腹地货物需求分析,预测2017年航道运量将增至1 930万t,2020年将增至2 216万t。

5.1.3.7　交通环境条件

1. 工程河段通航条件

(1)航道尺度

工程所在水道从蛇头至大南尾全长33 km,目前航道维护等级为Ⅳ级,通航500 t级船舶,维护尺度为3.0 m×55 m×330 m(水深×航宽×最小弯曲半径),通航保证率为95%。

工程所在航道水道蛇头—大南尾33 km河段规划为Ⅲ级航道,现工程所在航道水道正在按1 000 t的Ⅲ级航道施工建设。

(2)航道布置

航道主要靠中央深槽布置,航道内水深基本在6 m以上,适航水域良好。

(3)航标配布情况

工程所在航道33 km,全程按内河一类标配布,共设有17座内河标,其中设岸上塔标7座,水中塔标10座。

(4)船舶习惯航路

河段深槽和航行布置于河段中央,船舶根据航标指引,基本沿河道中央航行。

(5)交通流量统计分析

工程所在航道具有非常优越的发展水运的自然条件,根据广东省交通厅及广东省发展和改革委员会《关于印发广东省内河航运发展规划(2010—2020年)的通知》(粤交规〔2011〕122号),将工程所在航道33 km河段规划为Ⅲ级航道,计划2012—2020年建设。工程河段航经的运输船舶主要为500 t级及以下,偶有1 000 t级及以上船舶经过,并呈现越来越多的趋势。根据对船舶流量的观测,工程河段船舶最大流量约为40艘/天。随着腹地经济的发展,船舶的密度预计将有所增加。

(6)水域附近船舶航路

工程所在航道上接容桂水道,下与小榄水道汇合,通横门水道,从蛇头至大南尾,全长33 km。

2. 水上交通安全状况

根据××海事局辖区水上交通事故/险情统计,2013年11月11日发生1宗水上安全事故,2018年未发生列入统计的水上交通安全事故。工程所在水域,2019年和2020年未发生列入统计的水上交通安全事故。

5.1.4 通航安全影响及风险分析

5.1.4.1 碍航性分析

根据本项目架线工程施工方案,由于架线张力、设备、工机具荷载较大,同时考虑到工程施工水道的重要性,为保证架线施工过程和过往船只的安全,施工期间将采用"白天封航,夜间恢复通航"方案。工程施工水道总封航时间大体相同,各约 10 天。

拟选 D79～D80 跨越工程施工水道线路路径上游约 1 300 m 处有新涌渡口,跨越线路施工作业现场距离该渡口航线有一定的安全距离,架空电线施工作业对新涌口渡口航线影响较小。

根据工程施工水道的封航施工方案,水道施工作业封航时间均较长,计划为每天 07:00 至 17:00 为封航施工时间。监测显示工程施工水道船舶流量密度大,日均流量为 40 艘次左右。

封航期间,过往船舶只能绕道而行或在施工点上下游临时锚泊区抛锚候航,若按推算有 1/3 的船舶在封航期间绕航或推迟开航时间,则工程施工水道白天封航 10 h 内约有 12 艘船(平均上下游各 6 艘)需要临时候泊,上下游水域候航船舶的密度增大,给船舶的锚泊安全带来很大的影响,也大大增加了海事部门的监管难度。

另一方面,由于工程水域河网密布,河道较多,封航施工期间,船舶还可根据航道等级经由其他河道进出。但这需要有效交通组织,做好宣传工作,并合理安排施工警戒船,这将增加水上交通安全监管人力物力及监管资源的投入。

如果施工中能优化施工组织,合理安排施工次序,并严格按照批准的时段执行,晚上能恢复通航,施工中封航措施调度得当,在水道合适位置设置施工警戒,那么,白天的封航施工作业造成河道内船舶拥堵及船舶挤压情况将得到一定程度的缓解或减轻。

5.1.4.2 安全作业条件分析

1.风的限定条件分析

本跨越工程由于挡距较大、挂点高、水面开阔,因此导、地线的微风振动将十分严重。若采取的防震措施不当,则易造成输电线路发生断股、断线等事故。

跨越线路工程所在地区冬夏的风向季节变化比较显著,一般从春季至初秋盛行偏南风,秋季到冬末盛行偏北风或偏南风,3 至 4 月份为冬、夏风向转换期,9 月份为夏、冬风向转换期。每年 5～10 月为台风季节,对珠江口地区有影响的热带风暴、强热带风暴和台风,年平均有 1.3 个。台风在珠江口附近地区登陆时,瞬时最大风速达 45 m/s 以上。风力 6 级以上的大风,不仅增加船舶操纵的复杂性和困难,而且还影响架线施工和船舶通航安全,台风袭击时则直接威胁到船舶和输电线路的安全。

另外,工程地区春末夏初常有雷雨大风,俗称"石湖风",属灾害性天气。本工程施工气象限制条件是在风力 5 级以下,大于 5 级的季风对工程的施工将造成一定的影响。由于本工程在 6 月份施工,处于受台风影响季节,因此施工单位在施工前应制定台风应急预案和措施,以确保施工安全。

2.流和波浪的限定条件分析

架空电线施工要求施工船舶保持准确的船位,保证架空电线铺设在既定的路由上。鸡鸦水道径流年际变化较大,每年 5 月到 10 月为洪季,洪峰出现最多时间段是 5 ~ 8 月,因此本线路施工时间在洪水季节,施工过程中应做好防洪措施;建议施工时尽量避开洪水季节,以避免因流的影响而使船舶偏离既定的路由。

3. 能见度的限定条件分析

工程所在区域雾日不多,多年平均雾日 19.8 天,雾日尤以冬末和早春出现较多,其中 2 ~ 4 月份有雾天数为 11.6 天,占全年的 59%。月平均最多有雾天数是 3 月份,与梅雨季节相应,7 ~ 8 月份一般无雾。如有雾能见度较低时,架线施工及施工船舶在能见度不良的情况下作业,视觉瞭望受到一定的限制,会影响施工作业的准确性和安全,施工应避免在能见度不良的情况下作业。但谨慎起见,现场应设置雾灯,以确保施工安全。

4. 雷暴的影响及风险评价

根据有关资料,该地区平均每年出现雷暴的天数为 25 天,其中 5 月份最多,平均有 7 天。雷暴最早初日为 2 月 11 日,最晚终日为 11 月 8 日;最晚初日为 4 月 28 日,最早终日为 9 月 9 日。

本工程拟在 6 月份施工,虽然不是雷暴多发季节,且本工程已进行防雷接地措施,虽本地区年平均雷暴日不多,但工程施工期间也要做好防雷暴的紧急措施和预案。雷暴期间应停止一切用电的施工及高空作业。

5.1.4.3　活动水域的划定

1. 施工作业区的划定

在工程施工活动水域中,划定跨线路径上下游 500 m 内为施工活动区,封航施工期间,警戒船至少应布置在施工点上下游 500 m 以外的地方实施警戒,设置警戒线作为警戒,以防船舶进入,如图 5 - 13 所示。

当船舶误进入活动水域边界时,得到警戒船舶的警告后,立即停车的情况下,1 000 t 级船舶的冲程小于 300 m,而动力伞的影响范围也在 200 m 左右。所以本书认为设置跨线路径上下游 500 m 的警戒线是合理的。

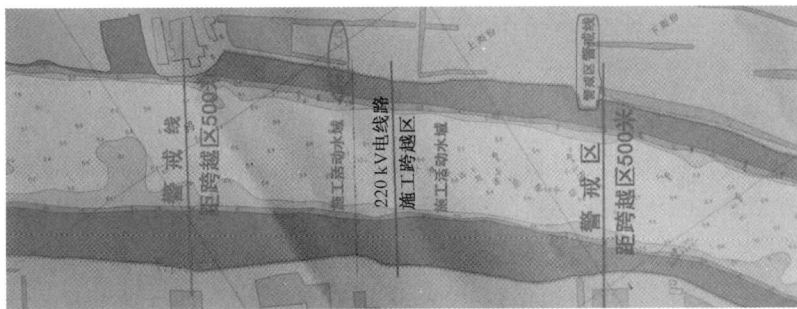

图 5 - 13　工程施工活动水域示意图

2. 施工期的临时候航区

××渡口轮渡航线在施工路径上游 1 300 m 处,而动力伞的施工影响范围约在 200 m 以内。轮渡航线与施工路径,相互间基本没有影响。了解到施工方的部分物资都要通过此轮渡载运,轮渡工作人员知晓本项目跨线工程。本工程项目施工前为保障安全应通知轮渡工作人员,提醒其尽量远离本工程项目,以确保安全。

根据《河港工程总体设计规范》(JTJ 212—2006)要求,上游临时候航锚泊区应距施工点至少 4 倍船长的地方。锚地水深不应小于 1.2 倍船舶吃水。驳船船首抛锚双驳并排停泊时,船舶在单向水流的水域抛锚,所需水域面积:

$$A_{m_1} = S_1 a_1$$

式中　S_1——锚位顺水流方向长度,取 1.8 倍船长;

　　　a_1——锚位宽度,取 4.5 倍船宽。

因此,根据中华人民共和国通航行业标准 JT/T 559—2004《珠江干线货运船舶船型主尺度系列》:1 000 t 级江海船(船长×船宽 = 59 m×12.8 m)抛锚停泊所需水域范围为 106 m × 57 m。其他小型船所需锚位可参考上述标准。

对于进入架线施工水域的船舶,由于封航期间船舶不能通过工程河段,施工单位可向海事等主管部门申请划定可用于短时待航的水域,临时待航锚地位置可参考如下。

监测显示该水道船舶流量密度不大,日均流量约 40 艘次,提前发布航行通告,大约有 1/3 的船舶会选择绕航或者可通航时间航经施工水域。这样将剩下 27 艘次/天的船舶交通流,平均每小时 1.2 艘次。

从 07:00 到 17:00 时,共计 10 个小时,共有待航船舶 1.2×10 = 12 艘次,上下游平均各 6 艘次,结合《河港工程总体设计规范》(JTJ 212—2006)要求,鸡鸦水道的宽度,船舶可在水道内并抛锚泊待航,上下游待航锚泊区长度约为 500 m,宽 150 m,可作为上下行船舶的待航区,加上富余量,考虑本工程路径上游约 2.2 km 处有 F 大桥,1.5 km 处有××口水厂取水口,1.3 km 处有××船闸和××渡口,下游约 2 km 处有 G 大桥,建议上行待航锚泊区在距离本工程路径下游 1 200～1 700 m 的位置;下行待航锚泊区在距离本工程路径 1 500～2 000 m 的位置。

5.1.4.4　与水上交通秩序的相互影响分析

1. 航道封航影响分析

根据施工方案,本项目××水道架线施工工程封航期间将完成导引绳过江、导地线(展放及紧线)、附件等工作内容,封航时间各需约 10 天。采用“白天封航,夜间恢复通航”方案时,在 07:00～17:00 时间段封航进行施工,在 17:00～次日 07:00 时间段临时恢复通航。

本项目架线施工时,动力伞展放导引绳或人工展放导引绳及架线时均须封航以配合施工。封航施工时段实际上阻断了船舶的航路,使船舶不能通过,对水域通航环境影响较大。

拟建架线工程施工期间,由于××水道均须封航进行架线施工。架线封航施工,不仅需要向海事部门申请发布航行通告,做好协调、宣传工作,落实各项安全监督管理措施,还需要海事部门协助,警戒部门在施工水域上下游加强施工现场水上监管,做好封航的相关工作,在航道封航期间防止船舶进入架线施工区。

本次施工作业封航时间较长,封航期间,过往船舶只能绕道而行或在施工点上下游临时锚泊区抛锚候航,一定程度上增加了水域候航船舶的密度,给船舶的锚泊安全带来一定的影响。

在航道开放时,维护好水上交通秩序,使船舶有序地安全通过架线施工区,这将大大增加海事部门安全监管的工作量。在此期间,受阻待航船舶较多,解除封航时,通过架线施工区的船舶密度骤然增大,尾随和会船时若操作不当,可能发生船舶碰撞或偏航搁浅。这会给船舶通航安全带来一定的影响。

2. 工程对邻近水域自然环境的影响

项目工程对附近水域的自然环境的影响,主要是施工过程中人为地向河道内倾倒施工残料、生活垃圾等。

3. 工程对邻近水域水工建筑的影响

本架线工程经过××水道,河道两岸多为村庄、鱼塘、农田,跨线线路路径方案不涉及港口作业区、码头、桥梁、水闸等水工建筑物,架线工程正常施工作业对邻近水域水工建筑基本没有影响。施工水域下游 100 m 处是"××客运高速船避风锚地",施工期间"××客运高速船"不能在这个锚地进行抛锚避风。施工中,解封前及解封后都要做相应的准备工作,建议施工单位与航运单位协商,优化施工方案,尽快完成施工,以减少封航对船舶通航和锚泊的影响。

4. 对船舶交通流的影响

本工程河段每天船舶流量最大约 40 艘次,由于封航会使部分船舶囤积在工程河段,解封时又容易造成船舶相互拥挤造成堵塞航道,因此施工单位要在施工前划定临时锚泊水域及现场解封疏散方案,以避免现场因管理和指挥不当而出现安全事故。

由于本工程施工需要封航,根据施工方案,线路跨越施工时将采用"白天封航,夜间恢复通航"方案,在 07:00 ~ 17:00 时间段封航进行施工,在 17:00 ~ 次日 07:00 时间段临时恢复通航。受封航影响,过往船舶须绕道航行或提前选择安全水域锚泊等候。

在此期间,受阻待航船舶较多,解除封航时,通过架线施工区的船舶密度骤然增大,尾随和会船时若操作不当,可能发生船舶碰撞及偏航搁浅。

本工程项目对××渡口的轮渡航路基本没有影响;封航仅针对航经跨线区的船舶,对轮渡船舶不进行封航。

本工程完成后,为一跨过江,通航河道上无杆塔等建筑物,线路夏季弧垂最低点高程满足规范对工程航道跨江电缆工程建设的要求,不会对水道的船舶通航带来阻碍。送电线路跨江架线工程对航道的通航条件影响甚微;对水道的通航资源及附近港口的发展影响也很小。

5. 工程施工对航道通航条件的影响分析

(1)对工程区域航道水流条件的影响分析

工程采用一跨过河,不会对航道内水流条件产生影响。

(2)对工程区域航道冲淤变化的影响分析

由于工程建设塔基不会涉及水域,采用一跨过河,没有在水中设置结构物,因此工程对航道冲淤变化无影响。

(3)对工程区域临河建筑物的影响

工程 $4L(4 \times 85 = 340 \ \text{m})$、下游 $2L(2 \times 85 = 170 \ \text{m})$ 范围内无码头等临河建筑物,故工程

建设对工程区域临河建筑物无影响。

（4）对工程区域过河建筑物的影响

距本工程最近的过河建筑物为上游约 80 m 的浪迪甲、乙线，实测跨河最低点高程为 43.55 m。本工程弧垂最低点高程为 32.23 m，二者相差 11.32 m，视觉遮挡影响较小。水平距离虽较近，但均为一跨过河，建设后相互间影响较小。而施工过程中，导地线展放、升空等时，须做好准备工作，采取有效措施，避免意外落线对附近建筑物造成影响。其他过河建筑距本工程均在 1 km 以外，距离较远，布置上不会相互影响。

（5）工程对航道远期发展规划的影响

工程施工所在的水道目前按照内河Ⅳ级航道标准维护，航道规划定级为内河Ⅲ级。本工程按照内河Ⅲ级标准建设，一跨过河，工程建设符合本航道远期发展规划，对其影响较小。

（6）设计最高通航水位

①设计最高通航水位选取分析

根据《内河通航标准》（GB 50139—2004）规定，不受潮汐影响或受潮汐影响不明显的河段，Ⅲ级航道设计最高通航水位采用 20 年一遇洪水水位。潮汐影响明显的河段，设计最高通航水位应采用年最高潮位频率为 5% 的潮位，按极值Ⅰ型分布律计算确定，见表 5-13。

a. 根据设计，已向××市水务局取得鸡鸦水道 20 年一遇洪水位为 2.71 m（珠基），换算为 85 高程为 3.45 m。

b. 工程施工所在的水道为受潮汐影响不明显的河段，设计最高通航水位采用20 年一遇洪水水位。本工程距二窖口水闸约 600 m，经《西、北江下游及其三角洲网河河道设计洪潮水面线》（珠基）推算至工程位置，20 年一遇洪水水位为 2.65 m（珠基），换算为 85 高程为 3.39 m。

《西、北江下游及其三角洲网河河道设计洪潮水面线》（珠基）统计资料较早，综合考虑取值，本报告采用设计最高通航水位 3.45 m。

②设计最高通航水位合理性分析

本工程位于 F 大桥和 G 大桥之间，根据 F 大桥和 G 大桥通航孔最高通航水位插值到本工程位置为 3.40 m，本报告采用 20 年一遇洪水位 3.45 m 为设计最高通航水位，二者相差较小，且本报告取值更保守，取值合理，见表 5-18。

表 5-18 工程位置推算取值

序号	名称	与蛇头距离 /km	建成时间	通航孔数	通航净宽 /m	通航净高 /m	最高通航水位 /m
1	F 大桥	24.7	—	1	120	12.5	3.534
2	G 大桥	28.9	1997 年	1	101.2	12.5	3.274
3	本工程位置	26.9	—	—	—	—	3.40

7. 工程通航标准和方案论证

本项目为跨河缆线,一跨过河,未在水中设置建筑物,从航道通航条件看,主要须对通航净高进行论证,根据《内河通航标准》(GB 50139—2014)5.2.6:"电力、通信、水温测验和其他水上过河缆线的通航净高,应按缆线弧垂最低点至设计最高通航水位的距离计算,其净高值不应小于最大船舶空载高度、船舶航行安全富裕高度和缆线安全富裕高度之和。"该条标准说明,对本工程,主要相关的参数有:最大船舶空载高度、船舶航行安全富裕高度、缆线安全富裕高度。

(1)通航净高论证

①规范论证

根据《内河通航标准》(GB 50139—2014)的要求,进行缆线弧垂最低点至设计最高通航水位的距离计算时,其净高值不应小于最大船舶空载高度、船舶航行安全富裕高度和缆线安全富裕高度之和。

a. 最大船舶空载高度

《内河通航标准》(GB 50139—2014)未给出船舶空载高度相关参考数据。参考《广东省沿海航道通航标准》(DB44/T 1355—2014),表 5 - 19 给出了 1 000 t 级及以上吨级江海船空载水面线以上高度,见表 5 - 19。

表 5 - 19　江海船空载水面线以上高度表

序号	船名	载重吨/t	空载水面线以上高度/m
1	A	1 000	10.5
2	B	2 000	11.0
3	C	3 000	20.0
4	D	5 000	20.0

本工程河段规划通航 1 000 t 级内河船舶,参考表 5 - 19,最大船舶空载高度取为 1 000 t 级江海船空载水面线以上高度,即 10.5 m。

b. 船舶航行安全富裕高度

根据《××省沿海航道通航标准》,富裕高度是为保障桥下船舶行驶安全设置的富余量,在通航海轮的内河水域或有掩护作用的海域,取 2.0 m。

本工程位于内河水域,则船舶航行安全富裕高度取 2.0 m。

c. 缆线安全富裕高度

根据《架空输电线路运行规程》(DL/T 741—2010),表 5 - 20 给出了输电线路与河流交叉或接近的基本要求。

表 5 - 20　输电线路与河流交叉或接近的基本要求

项目	通航河流		不通航河流	
导线或避雷线在跨越挡内接头	不得接头		不限制	
线路电压/kV	至 5 年一遇洪水位/m	至遇到航行水位最高船桅顶/m	至 5 年一遇洪水位/m	冬季至冰面/m
66 ~ 110	6	2	3	6
154 ~ 220	7	3	4	6.5
330	8	4	5	7.5
500	9.5	6	6.5	11.0（水平）10.5（三角）
750	11.5	8	8	15.5

（表格左侧"最小垂直距离/m"跨多行）

本工程为 220 kV 输电线路,根据表 5 - 20 可知,220 kV 输电线路及遇到航行水位最高船舶桅杆以上 3.0 m 作为输电线路与河流距离的要求。

因此,要求本工程缆线净高 = 最大船舶空载高度 + 船舶航行安全富裕高度 + 缆线安全富裕高度 = 10.5 m + 2.0 m + 3.0 m = 15.5 m。

②××省要求

按照××省的要求惯例,对不同等级的跨河电缆的净高有不同的要求,见表 5 - 21。

表 5 - 21　××省跨河电缆通航尺度要求

航道等级	基本净高/m	要求增加的富裕高度/m
Ⅰ ~ Ⅱ	26	
Ⅲ	22	
Ⅳ	18	至最高航行水位的最高船桅顶 110 kV 为 2 m、220 kV 为
Ⅴ	16	3 m、330 kV 为 4 m、500 kV 为 6 m
Ⅵ ~ Ⅶ	12	
Ⅷ ~ Ⅸ	10	

本工程所跨水道规划为内河Ⅲ级,线路电压为 220 kV,按照表 5 - 21,电缆的通航净空要求为 25.0 m。

同时,结合××航道局的复函,通航净空高度应不小于设计最高通航水位以上 22.0 m,增加缆线安全富裕高度后同为 25.0 m。

(2)净高要求小结

综合××省惯例 25.0 m、××航道局的复函计算的 25.0 m 以及按照规范计算的净高 15.5 m,本工程跨越××水道,缆线弧垂最低点至设计最高通航水位的距离要求取较大值 25.0 m。

（3）工程满足通航净高要求的情况

根据设计要求，工程所在水道河宽范围内，拟建缆线的弧垂最低点高程为 32.23 m，距离设计最高通航水位 3.45 m 以上 28.78 m，满足要求的 25.0 m 要求。

5.1.5　通航安全保障措施

5.1.5.1　安全管理制度

针对此次架线施工期间的工作机具和人员安全，本工程施工单位制定了相关的安全管理制度。

1. 项目（副）经理

（1）协调、调度、安排施工队伍，施工工器具和工程材料。

（2）总体协调内、外之间的工作关系，及时解决影响施工的各种问题。

2. 技术负责人

（1）在总指挥领导下，对本工程的技术、质量和安全工作全面负责。

（2）主持安全技术会议，编制专项施工方案，审批作业指导书、安全和质量保证措施。对整个施工过程的安全技术负责。

（3）负责开工前的安全技术交底，对各类人员进行技术培训、考核和资格确认，确保各类人员持证上岗。

3. 安全负责人

（1）负责配合技术负责人向所有参加抢修人员进行安全技术交底。

（2）具体检查所有跨越现场的安全技术措施、安全作业票、站班会以及各种其他安全措施的落实。

（3）具体负责施工现场的安全检查，及时向抢修总指挥反映现场有关的安全情况。

4. 质量负责人

（1）核实交叉跨越的各项技术指标。

（2）负责施工过程中和施工后的一切质量监督、检查工作。

5. 班组负责人

（1）负责本施工方案的落实工作，合理安排施工各环节，切实执行方案技术措施和安全保护措施，有序推进方案的实施。

（2）听从抢险总指挥及技术负责人的指挥，及时上报施工过程的不安全事件，补充完善安全保护措施。

（3）全方面落实安全、质量管理。

6. 航道防护负责人

（1）负责办理涉航道手续，督促落实防护措施的落实和执行。

（2）负责跨越过程中各项安全技术指标的检查。

（3）做好有关现场各种数据记录。

（4）负责涉及航道方面应急预案的实施。

5.1.5.2　施工前期准备

（1）跨越河流时，应事先与航运部门取得联系，办理好各种手续以在施工过程中得到海事部门的协助、指导。

（2）铁塔验收：架线前必须对所组立的铁塔进行检查验收，铁塔应塔材齐全、螺栓紧固，并达到扭力标准；耐张塔倾斜值应满足要求。

（3）线路走廊处理：电力线、通信线、电缆，要事先与用户联系，后搭跨越架，对电力线应尽量办理停电手续。

（4）施工所在的水道牵张场的确定：根据现场情况，D79 塔位定为张力场，D80 塔位附近场地定为牵引场，并对张力场和牵引场进行平整，张力场要满足张力机和导线盘摆放及吊机进退场需要。

（5）施工前，必须向施工人员进行技术交底。

（6）机具准备

机具准备之前，应计算施工段的放线张力及紧线张力，确定张力放线方式。根据技术要求配备放线设备，成套放线机具应相互匹配。在工程准备阶段应安排落实张力放线的主要机具如下：

①主牵引机及钢丝绳卷车。

②主张力机及导线轴架。

③小牵引机及钢丝绳卷车。

④小张力机及导线轴架。

⑤导引绳及连接器。

⑥牵引绳及连接器。

⑦牵引导线的牵引板。

⑧与牵引绳和导线配套的旋转连接器。

⑨放线滑车、压线滑车、接地滑车。

⑩连接导线的单头网套和双头网套。

⑪导线、地线、牵引绳、导引绳配套的卡线器。

⑫其他。

5.1.5.3　人员组织（表 5－22）

项目负责人：××　技术负责人：××

项目安全员：××　项目质检员：××

青 苗 专 职：××　跨越联系人：××

施工队总负责人：××

表 5－22　施工人员组织情况表

分工	施工人员数量	负责人
准备队	20 人	××
放线队	30 人	××
紧线、附件队	33 人	××

5.1.5.4　跨越河流施工安全措施组织工作

（1）水上作业前,联系相关政府职能机构,经批准后相关政府职能机构派员、派船到作业现场封锁施工水域并巡视、监护,施工单位应急小组所有成员携带救援预备物资、设备及医疗箱赶赴现场就位。

（2）水上作业人员必须经过水上作业安全学习培训,合格后方可上岗,作业前应对作业人员进行相关安全技术措施交底、落实。

（3）所有岸边或水上操作人员必须正确佩戴救生衣或设备。

（4）在接到封航命令后,要派监护船只在封航段内巡查,确认航道内没有船只通过时,方可进行水上作业施工。

（5）随船工作人员要听从船员的指挥,不得盲目操作,防止溺水事故的发生。

（6）船上和地面要保持通信畅通,遇到卡线情况及时通知停止牵引,待故障处理后再行牵放。

（7）对所使用的工器具不得以小代大,导引绳升空锚线时要牢固,并采用双重保险锚线。

（8）锚线后的导引绳与水面净空高度要能满足船只的正常通行。

（9）牵引导引绳时要带一定的张力来保证跨河处对水面的通航距离。

5.1.5.5　有关架线工程安全管理方面

（1）飞行动力伞操作人员必须经过专业培训,持证上岗。

（2）大风及雨、雪、浓雾天气时禁止飞行。

（3）飞行动力伞起降及飞行过程中,应疏散围观人员,以免发生意外。

（4）飞行动力伞展放引绳时,飞行人员、指挥人员、塔位人员、地勤人员等通信信号应保持畅通。

（5）各作业点之间应使用无线电报话机联系,保证信号的传输快捷、准确和通畅。

（6）本项目 220 kV 送电线路均为一跨越,工程未在河道中构筑碍航物,则本工程无须设置水上助航标志。本工程完成后,建设单位应按《内河助航标志》(GB 5863—1993)的有关要求在线路跨河两岸上、下游各 200～300 m 处设置永久性专用警告牌标志。

（7）本工程完成后,建设单位应对送电线路跨越鸡鸦水道的具体位置、线路最低弧垂点通航净高度、线路专用标志等及时进行测定、核实,将结果报海事等部门。

（8）建设单位申请海图出版单位将本工程送电线路跨越鸡鸦水道的具体位置、最高通航水位起算面和通航净高度、专用标志等印刷在相关的海图上。

（9）建设单位应制定本跨越工程送电线路的安全管理办法和应急预案。

（10）当本跨越工程送电线路出现危及通航安全,或输电线路需要维修影响通航安全的情况时,送电线路所属单位应及时报告海事行政主管部门,并申请发布航行通告;如有必要,则还应申请海事部门派巡逻船加强现场监管。

（11）当本跨越工程送电线路出现危及通航安全的情况时,送电线路所属单位应及时采取有效措施,恢复送电线路原有的通航净高。

5.1.5.6　有关船舶航行和停泊方面

（1）所有导引绳升空后，江面恢复通航。因此确保引绳或导地线弧垂最低点距江面净空高度（设计最大通航船桅高度）分别控制在25 m以上，以保证船舶安全通航。

（2）船舶在鸡鸦水道上航行，应严格遵守××海事局有关船舶在上述水道上航行的规定，加强瞭望，使用安全航速，注意修正风、流压差，谨慎驾驶，小心操作，做好避让工作。

（3）船舶在通过本项目施工所在水道线路前，应了解本送电线路的通航净高，根据本船的吃水、桅高和通过时的水位，计算出通过送电线路下面时所需的净空高度，要注意防止盲目航行通过。

（4）船舶在项目施工所在水道上停泊，应严格遵守主管机关有关船舶在项目施工所在的水道上停泊的规定，加强值班，做好防范雷雨大风等各项安全工作，注意避免在送电线路下面及其邻近水域锚泊。

5.1.5.7　有关架线施工安全方面

根据对船舶交通量观测，通过拟建跨越工程架线施工水道处的船舶交通量平均每日约有90艘次。架线封航施工时间各约12天，采用"白天封航、夜间恢复通航"方案时，07:00~12:00和14:00~19:00时间段封航进行施工，在19:00~次日07:00和12:00~14:00时间段临时恢复通航。

为确保施工作业安全和船舶通航安全，架线施工作业应严格按照设计说明书和施工方案的要求进行。同时，本课题组建议：优化施工方案，尽量缩短封航时间；动力伞严格按照相关规定进行安全飞行；并禁止在大雨、大雾、雷暴或6级大风以上的天气情况进行一切施工，4级风以上天气状况不得进行动力伞飞行作业；航道开放前，已展放的线、缆应适当收紧，保证其通航净高度不低于本工程设计的安全净空高度。

此外，还必须在本工程施工前后和施工期间采取以下（但不限于以下）各项安全保障措施：

1. 有关施工单位方面

（1）施工单位应提前向海事行政主管部门报送施工方案和施工安全措施，待海事行政主管部门批准后方可施工。

（2）施工方案包括施工作业时间、进度、作业船舶机具、作业方式方法和需要航道封航、开放时间。

（3）施工作业安全措施包括安全施工及安全注意事项、防止高空坠落等措施，以及设置临时锚泊区、警戒线和制定应急预案等。

（4）施工前施工单位应申请海事行政主管部门发布航行通告，并利用报纸等媒体大力做好宣传、公告工作。

（5）施工前施工单位应做好架线施工的各项准备工作，包括铁塔验收（并符合要求）、线路走廊处理，以及张力机、牵引机（以防意外，应配备应急牵引机）、弧垂观测仪器、通信设备完备齐全且良好等。

（6）施工前施工单位应协助海事行政主管部门制定施工封航方案。

（7）施工期间施工单位应申请海事行政主管部门派海事管理人员和巡逻船、快艇加强施工封航现场监管。

（8）施工期间施工单位应派一名负责人参加施工封航指挥小组，协助做好封航组织、指挥工作。

（9）施工完毕后，施工单位应及时清理施工现场。架线施工达到设计要求后，相关资料应报备海事行政主管部门。

2. 有关过往船舶方面

（1）过往船舶在进入施工水域前，应了解航道封航和航道解封时间，注意收听航行通告信息。

（2）过往船舶在接到航道封航信息后，按封航指挥小组的指令有序地进入临时锚泊区内抛锚等候或绕航进出港。

（3）过往船舶在接到航道解封信息时，应了解施工船舶动态，确认可以安全通过施工区时方可驶入通过。

（4）过往船舶应服从封航指挥小组的指挥，封航时有序地进入临时锚泊区锚泊；航道解封后有序地通过施工区。

3. 有关施工封航方案方面

（1）施工单位应根据施工方案制定施工封航方案报备海事行政主管部门。

（2）施工单位应协助海事行政主管部门制定施工封航方案。

（3）施工封航方案的内容应包括：航道封航、航道解封的具体时间；成立封航指挥小组；设置警戒线；设置临时锚泊区；派出巡逻船、快艇的艘数；派出海事管理人员的人数；巡逻船、快艇、海事管理人员的具体分工和任务，以及架线施工发生意外情况和发生事故时，航道不能按预定时间开放的应急预案等。

（4）建议在跨越工程输电线路上下游分别设置警戒线，并派巡逻船、快艇分别在每条警戒线上巡逻、警戒，严禁船舶在封航时进入上下游设置的警戒线内。

封航施工警戒船设置建议：

封航施工过程中，河面将全面封闭，如果上下游方向有船舶误闯施工水域，将会对施工作业带来十分严重的影响，也会对通航安全带来严重影响。因此，封航施工期间必须进行广泛的宣传，及时播发航行通（警）告。即便如此，也可能有船舶不能知悉封航事宜。因此，加强施工现场警戒，及时拦截船舶显得十分关键。而警戒船的设置点必须考虑不同船舶的操纵性能及通信方式的影响。

考虑工程现场河道较为顺直，水域较宽，建议封航施工期间，鸡鸦水道警戒船至少应布置在施工点上下游 500 m 以外的地方实施警戒。

划定施工作业区域，分别在施工区域上下游设置警戒线。警戒船挂封航信号旗"FO"，安排人员值班警戒，并配备 VHF 通信设备，保持在 CH16 频上有效收听，装备相应的旗号、声号设备及高音喇叭，以便有效实施现场警戒任务。安排机动巡逻船以做补充。

4. 相关机器的检查

（1）第一次启动和中、大修后启动主牵引机、主张力机、小牵引机、小张力机、钢丝绳卷车时,应在检查各部分润滑油、液压油的油量、油质后,按机械说明书规定启动,空载运转至规定时间后检查:

①变矩器、变速器、各轴承、液压泵、液压马达、液压阀及其他所有运动副、传动机构有无过热现象。

②各部分油封情况。

③传动部分有无异响。

④装配情况及紧固件、定位件有无变化。

⑤内燃机工作状况。

⑥挡位、挡次及换挡情况,变量机构工作状况。

⑦机油压力、补油压力、刹车油压力。

⑧制动机构工作状况。

完成规定时间的机械磨合后,方可正式投入使用。

（2）每天使用牵引机、张力机等机械时,均应进行下列检查:

①燃料油、润滑油、液压油的油量、油质。

②内燃机、传动机构、执行机构的工作性能和变速情况,变量机构所定位置。

③停车刹车可靠性。

④仪表灵敏度和准确度。

⑤机油、补油、刹车油的压力。

⑥机身锚固情况和接地情况。

⑦张力机张力控制阀(溢流阀)保压情况,张力机张力控制阀应定期检查和清洗。

（3）导引绳、牵引绳端头宜采用插接式绳扣。插接式绳扣的拉断力不应低于本绳的综合拉断力。

每项工程前或每年对导引绳、牵引绳进行一次检查和保养,如发现导引绳、牵引绳有金钩、有明显背扣以及一个节距内断丝百分比超过5%时,应切断后改制成插接式绳套,断丝严重的应予报废。

5.1.5.8　施工期的交通组织

本工程施工期拟在××年6月份(具体时间以海事发布航行通告为准)进行封航,因此对过往船舶造成一定的影响,为减少施工期间对航运的影响,施工单位开工前,与航运公司协商封航时间,向海事部门申请发布航行通告,我方将与现场警戒、海事部门保持有效联系,如有必要,在锚固好导线,确保安全的前提下,实施临时性的恢复通航措施,以有效疏导现场拥堵船只,使施工、航运两不误。

5.1.5.9　施工期的警戒方案

1.警戒力量

工程施工活动水域划定跨线路径上下游500 m内为施工活动区,封航施工期间,警戒船至少应布置在施工点上下游 500 m 以外的地方实施警戒,设置警戒线作为警戒,以防船舶进入。

2. 警戒保障要求

(1)严格按照海事局批复时间进行施工,如因特殊情况需要适当延时解封,应提前与相关负责人沟通。

(2)施工前应与现场海事监管人员确定有效的联系工具及方法,指定专人负责,确保通信通畅,服从海事部门的现场指挥,施工开始及结束时间均应向现场指挥报告。

(3)现场施工负责人应及时与封航船联系,在封航船发出命令后,方可进行放线施工,在未得到命令时,不得进行放线作业。

(4)封航解封时段,配合做好船舶通航安全的疏导工作,保证船舶安全有序通过。

(5)施工完毕后,及时清除施工遗留的障碍物,同时对最低弧垂点高程进行测量复核,相关资料向海事等部门报备。

5.1.5.10　跨越河流段架线施工安全措施

(1)水上作业必须配置水上救生器材,并选择水性好的人员做水上安全监护人,所有水上作业人员都必须穿救生衣、熟悉水性且具有自救能力。

(2)施工前做好安全技术交底,使每个工作人员都清楚自己的职责和应注意事项,不得安排不熟悉水性的人员水上作业。

(3)在整个放线过程中,应防止小船或无关人员乘船或游泳进入放线作业区,施工过程中在跨越处上游和下游派安全人员值守,密切留意过往船只,并与封航人员保持联系,如遇船只通过,要提前通知负责人,负责人根据现场实际情况调整导地线和牵引绳高度,并锚线停止施工,待船只通过后方能施工。

(4)做好施工安排,同一个工序的施工最好在每天航道解封前完成,须过夜的应加强锚固,航道解封后,应停止河面上的一切工作。

(5)值守人员、塔上高空作业人员和地面要保持通信畅通,遇到卡线等情况及时通知停止牵引,待故障处理完毕后再行牵引。

(6)对所使用的工器具不得以小代大,牵引绳升空锚线时要牢固,并且要做好二道防护。

(7)地锚填土前必须经技术人员检查,淤泥中的地锚必须加厚木,坑内积水要排干,回填土要分层夯实,并突出地面 300 mm。

(8)锚线后的牵引绳、导线与水面净空高度要能满足船只的正常通行。

(9)工作人员严禁饮酒,必须戴安全帽,高空作业时必须穿软底鞋,系好安全带。

(10)高空作业人员应持证上岗,并体检合格,身体不适者应禁止上岗。

(11)遇有雷雨、暴雨、浓雾、6 级及以上大风等恶劣天气时,不得进行高空作业。特殊情况须在恶劣天气条件下作业的,须按《职业安全健康体系及环境体系》有关程序文件执行申报手续,并编写具体的特殊施工措施及安全保护措施,经公司总工批准同意才能进行。

5.1.5.11　临时通航及夜间要求

在临时通航及夜间时段内,应停止一切施工作业,将各类绳索在牵引场锚住,然后在张力场反抽,将 D79 ~ D80 挡导线最低点距水面净空距离控制在 25 m 以上,在 D79 ~ D80 挡对应绳索顺线路的横担挂点前后方做临锚,设双保险,防止意外落线,保证通航安全。

夜间应在相关绳索及杆塔上面悬挂夜间警示灯,以保证通航安全。

5.1.5.12 应急设备配备

(1)设应急事件处理负责人 1 人,设应急事件处理机动人员 6 人,应急事件处理车辆 3 台,遇紧急或突发事件时保证人员和车辆的配备和补充。

(2)建立部门联系网络,对突发事件发生后可能涉及的部门、单位保持联系,使突发事件能得到及时有效的处理。

(3)施工现场应预备必要的安全用具、器材、药品,对可能发生的意外伤害给予及时的处理和解决。

(4)封航期间,施工警戒船应配备快艇,及时拦截企图通过施工水域的船舶。

(5)封航期间,应在上下游水域划定临时候泊水域,供过往船舶等候通航时锚泊。

5.1.5.13 施工船舶施工作业及间歇通航期间撤离的安全管理措施

(1)所有施工船舶(运输船舶等)必须持有符合要求的有效证书(适航证)和相关证书;船长、轮机长、驾驶员、话务员应持有有效的适任证书。

(2)施工船舶上必须配有足够的救生衣、救生圈和救生筏等救生设备,并配有足够的消防器材和油污水分离器等设施。

(3)应按照项目部调度室指定的水域、停靠站点和实践航行,施工前应向海事部门申请施工期、解封期间船舶临时靠泊点。

(4)装载设备及材料运输的船舶,必须按核定吨位装载,不得超载和偏载;装载的设备、料具应摆放平稳,并捆绑牢靠。

(5)施工船舶上严禁装运和携带易燃易爆、有毒有害等危险品,如因工作急需,需要携带者应事先与船长联系并进行妥善处理,严禁人货混装。

(6)施工船舶应严格按照施工组织设计和划定的施工作业区进行施工,每天定时向项目部及局指挥部报告工程进展情况和安全情况,通报作业区施工船舶分布及动态情况,禁止施工船舶随意调换作业区和随意穿越其他作业区;禁止施工船舶将锚位抛出作业区;禁止施工船舶不按计划施工。

(7)间歇通航期间,施工船舶撤离应严格落实由海事部门审批的施工组织方案,安全、有序地撤离到指定的停泊水域,避免与过往船舶发生碰撞。

(8)封航期间,警戒船应提前进入上下游警戒线,以禁止其他船舶进入,施工船舶方可进入指定施工地点展开作业。

5.1.5.14 水上安全监督管理保障

为保证拟建工程顺利进行,就本工程而言,对该水域的安全管理措施至少包括以下内容:

(1)划定施工区水域范围和临时停泊区,设置警示标志,封航时,设置警戒线,安排警戒

船舶,实施封航警戒,过往船舶不准跨越施工警戒线;

（2）提前发布航行通告;

（3）施工船舶必须适航,并按规定配齐合格船员,施工时,船舶按规定悬挂施工信号;

（4）加强现场瞭望并对施工水域进行巡查,做好交通警戒,确保施工船舶与过往船舶的航行安全;严禁施工船超越施工范围施工;

（5）施工期施工水域应实施安全警戒,施工方案在开工前报海事局核准。

5.1.6　应急预案

5.1.6.1　现场应急救援指挥部及职责

为了应对工程附近水域发生的事故,建议建立事故应急预案,工程附近水域发生事故后,可马上启动应急部署,及时处理事故和疏导船舶,防止事故损失扩大。事故应急预案应包括但不限于以下内容:

（1）应急预案的文件结构

应急预案要形成完整的文件体系。通常完成的企业级应急预案由总预案、程序文件、指导说明书和应急行动记录四部分构成。

（2）应急预案主要内容

①总则

②组织指挥体系及职责

③预警和预防机制

④应急响应

⑤后期处置

⑥保障措施

⑦附则

⑧附录

（3）建设单位主管部门要建立起范围事故应急管理机构,并制定应急部署表,明确分工,一旦发生事故立即启动,负责处理应急事件。

（4）建设单位主管部门（施工期间还有施工单位）与海事部门要建立有效的联系机制,一旦发生海事交通事故,各方应快速反应,维护现场通航秩序。

（5）当工程附近水域发生特殊情况或事故时,应及时向当地海事部门报告,服从海事部门的指挥。

（6）及时发布航行通告,严禁无关船舶靠近事故现场;及时清理航道,疏通船舶交通流。

（7）组织机构

应变总指挥组长:××

应变总指挥副组长:××、××

应变总指挥成员:××、××、××、××等

相关应急部门电话号码:

警匪：110　　医疗：120

火警：119　　水上搜救电话：12395

联系方式：

姓名	职务	分工	手机
××	项目经理	组长	电话××
××	项目总工	副组长	电话××
××	技术员	副组长	电话××
××	安全员	成员	电话××
××	现场负责人	成员	电话××
××	前期协调员	成员	电话××
××	施工队负责人	成员	电话××

（8）现场应急小组组长、副组长职责

①组织指挥各方面力量处理事故、事件，统一指挥对事故现场的应急救援，指定具体应急措施，明确职责分工，紧急抢险，控制事故蔓延和扩大。根据事故应急处理的需要，紧急调集人员、物资、交通工具以及相关设施、设备；必要时对人员进行疏散或者隔离。

②同时做好抢险救援、信息上报、善后处理以及秩序恢复。

（9）应急领导小组成员职责

①将了解的情况向小组长汇报，并将小组长的意见传达给有关单位、个人。

②服从现场应急小组长指挥，积极参与紧急抢险工作。

5.1.6.2　施工期间危险点、危险源及控制措施（表5－23）

表5－23　施工期间的危险点、危险源及控制措施表

序号	危险因素	伤害类型	风险等级	预控措施
1	违章指挥	高处坠落、触电等	中等风险	1. 严禁违章指挥。 2. 对违章指挥现象，任何人都有责任、有权制止。 3. 施工人员遇违章指挥有权拒绝施工
2	违章作业、违反安全交底要求	人身伤害、高处坠落、触电等	高处坠落、触电等	1. 遵纪守法，按规程作业，施工中严禁打闹、抛物等违章行为。 2. 严格按安全技术交底施工，不得擅自更改。 3. 强化现场安全监督检查
3	高处作业不系或不正确使用安全带	高处坠落	中等风险	1. 高处作业人员必须使用双保险全方位防冲击安全带，安全带必须系在牢固的构件上，并不得低挂高用，施工过程中应随时检查安全带是否牢固，高处作业移位时亦不得失去安全带的保护。 2. 每次使用安全带前应进行外观检查，不合格的安全带严禁使用

5 – 23(续1)

序号	危险因素	伤害类型	风险等级	预控措施
4	进入施工现场不戴或不正确佩戴安全帽	物体打击	低风险	1.进入施工现场正确佩戴安全帽,帽带要系紧。 2.严禁坐踏安全帽或把安全帽挪作他用
5	灾害天气	人身伤害、触电	低风险	1.由专人关注天气情况变化,防范恶劣天气影响施工。 2.遇有雷雨、暴雨、浓雾、5 级及以上大风时,应停止作业
6	机械设备未按计划检修,带病作业	机械伤害	低风险	1.施工机械要求工况良好,严禁带病作业。 2.严格执行机械管理制度,定期检修、维护及保养
7	通信设备障碍	高处坠落、触电	中风险	1.放线前的通信设备应认真检查,保证电池充足,并配备必要的备用电源。 2.施工中要保持通信畅通,旗号要明确,如有一处不通,则停止放线。 3.严禁使用通信设施工说笑闲谈
8	地锚埋深不够	人身伤害	中风险	各种锚桩应按技术要求布设,其规格及埋深应符合规定
9	放线过程中牵、张机无接地措施	触电	低风险	牵、张机两端应设接地滑车,跨越带电线路两侧放线滑车应可靠接地
10	施工人员站在线弯内侧处理异常或展放余线时站在圈内或线弯的内角侧	物体打击	中风险	1.处理被刮住的导地线时,作业人员必须站在线弯外侧并用工具处理,严禁用手推拉。 2.展放余线的人员不得站在线圈内或线弯内角侧
11	牵引过程中,牵引绳或导地线跳槽	牵引绳磨损或断裂,接头拉弯,导地线损坏	中风险	1.牵张场密切配合、各塔位负责人和跟线人员认真观察走板状况,保持现场通信的畅通,预防为主。 2.若有人员发现导地线跳槽,立即停车处理
12	线盘架(放线架)不稳固、转动不灵活、制动不可靠	机械伤害	低风险	1.施工机械要求工况良好,严禁带病作业。 2.严格执行机械管理制度,定期检修、维护及保养
13	放线、紧线牵引头过滑车有卡压现象	夹伤	低风险	1.牵引时接到任何岗位的停车信号都必须立即停止牵引;张力机必须按现场指挥的指令操作。 2.导引绳被障碍物卡阻时,作业人员必须站在线弯的外侧并使用工具处理,不得用手直接推拉。 3.转角塔(包括直线转角塔)的预倾滑车及上扬处的压线滑车必须设专人监护

表 5-23（续 2）

序号	危险因素	伤害类型	风险等级	预控措施
14	杆塔滑轮无人看护	高处坠落、物体打击	低风险	1. 导引绳、牵引绳的安全系数不得小于 3。 2. 导引绳、牵引绳的端头连接部位、旋转连接器及抗弯连接器在使用前由专人检查。钢丝绳损伤、销子变形、表面裂纹等严禁使用。 3. 杆塔滑轮特别是耐张塔滑车设专人看护。 4. 放线信号传达做到迅速、清晰，通信联络畅通
15	超过 60°转角塔未设置双滑车	设备损坏	低风险	1. 使用专用转向滑车，锚固可靠。 2. 各转向滑车的荷载均衡，不得超过允许承载力
16	使用轮径不满足 OPGW 光缆展放的滑车	断光缆纤芯	低风险	工器具使用前检查、采购把关和定期试验
17	过张力跑线	局部停电物体打击	中风险	1. 护线人员坚守岗位，随时注意放线情况，发现跳槽应及时停机处理。 2. 牵张设备操作人员密切关注牵引力变化。 3. 放线用钢绳的安全系数不得小于 3 倍。 4. 导线的尾线或牵引绳的尾绳在线盘或绳盘上的盘绕圈数均不得少于 6 圈。 5. 导线或牵引绳带张力过夜必须采取临锚安全措施。 6. 旋转连接器严禁直接进入牵引轮或卷筒。 7. 检查紧线主要受力工器具是否合格并符合使用要求
18	跨越河流超重沉船或人员跌落下水	淹溺	低风险	1. 严格按跨越方案施工。 2. 跨越大江、大河或通航的河流施工期间，应请航监部门派人协助封航。 3. 人员配备救生用具。 4. 遇浓雾、雨、雪以及风力在 6 级以上天气时，应停止作业
19	高空作业无防护措施	坠落	低风险	佩戴安全帽、安全带，加强安全教育
20	有船只硬冲封航	导线损伤	低风险	在施工范围外设置封航线
21	船只过高刮碰导线	导线损伤	低风险	临时通航前，应把导线升空至距离最高水位 27.1 m 以上
22	牵引过程中未保持一定的张力，牵引绳或导地线沉入水底遇暗流等	导线损伤、设备损坏、高空坠落	中风险	张力放线保持张力并设专人监护，保持通信联系

5.1.6.3　其他相关应急处置措施

1. 跑线应急

本次架线作业以及换线作业在施工过程中发生跑线事故时,应立即检查人员伤亡情况和交通情况。如发生人员伤亡情况,立即拨打 120 急救电话并紧急抢救伤员。如果跨越架发生倾斜,须立即组织施工人员拆除跨越架,恢复道路交通,并重点做好以下工作。

(1)加强绝缘架空地线运行巡视、检测工作

建设单位巡视时要注意观察地线有无断股、散股现象,观察地线及塔身有无电弧烧伤痕迹,观察线夹与地线的连接部位有无电弧烧伤和生锈现象,夜巡时注意观察地线绝缘子间隙有无放电、冒火现象,发现问题及时进行处理。地线绝缘子的检测工作应按规程 2～3 年要求的周期进行,以便及时发现地线绝缘子缺陷。

(2)加强架空地线特别是连接金具、接续金具的维护工作

严格按规程周期进行绝缘地线间隙检查,进行地线烧伤、振动断股和腐蚀检查,发现间隙距离超出设计范围、地线断股等情况应及时处理,架空地线在线夹处应力最大,另外导线舞动、扭转振动对光缆处导线有一定的疲劳累积效应,地线容易在线夹处发生断裂,地线悬垂线夹承重轴磨损断面超过四分之一以上的应予以更换。

(3)加强绝缘架空地线掉线改造工作

建设单位应根据最新的运行方式,进行地线通流容量检验工作,确保地线具有足够的通流能力和机械强度。对于地线偏向塔身的可加装引流线或用金具直接代替绝缘子。经验表明,玻璃绝缘子不易发生掉串事故,因此对于长距离输电的线路,为提高绝缘地线的可靠性和较少运行维护工作量,可将瓷质绝缘子更换成玻璃绝缘子。

(4)落实地线掉线的反事故预案

建设单位应认真分析地线的原因,制定出有针对性的反事故预案,并在材料、抢修工具、照明器材、人员等方面落实到位,提高事故应急能力和速度,尽量减少事故造成损失。

2. 动力伞应急预案

(1)遇气象条件不适合工作要求时(大风、能见度不良等)停飞。

(2)飞行过程中万一发生机械故障,由飞行员操纵具有高性能滑翔比的伞翼,就近寻找农田、河滩等降落场地滑翔降落,由于伞翼飞机特有的防翻滚、防撞击以及油电分离等保护措施,可确保飞行员的生命安全。

(3)飞行员与放线员注意观察导引绳放置情况,如发生导引绳勾挂其他障碍物影响飞行安全的情况,应及时切断导引绳。

(4)使用高保真、长距离地空通信设备及全球卫星导航系统,与地面时刻保持通信联系,地面车辆紧随作业,车上常备医疗急救物品,在紧急情况下可对受伤人员进行及时救治。

3. 人员落水应急预案

(1)预防溺水措施

①配备足够的水上警示灯及救援物资,成立救援队。在各工点和船舶安装安全标识牌,夜间应有警示灯。

②平时加强对作业人员水上安全教育,应穿有救生衣。作业船严禁超载,上下作业船要等船靠稳拴牢,禁止非驾驶人员私自操作船只。对栈桥和平台等临时设施、水上船舶进

行严格的安全检查，发现问题及时整改。

（2）溺水事故应急措施

①一旦溺水意外事故发生，应急救援领导小组及时通知项目部各职能部门，启动水上施工事故应急预案，项目部各职能部门迅速响应。组长必须亲临现场，亲自组织指挥抢救，把事故损失控制到最低限度。

②救援队的潜水员，必须做好保证自身安全的措施，进而抢救溺水者。

③给溺水者做人工呼吸或采取其他临时急救措施尽快救醒溺水者，减少伤亡程度。情况严重者，立即打120求救。

④对事故地点无关人员进行疏散，做好道路交通疏导工作，确保救护车和救护人员能安全到达。

⑤如果发现溺水者死亡，工区水上施工事故应急救援小组必须马上如实地向项目部安全事故应急机构报告，请示有关部门，做好事故后处理。

4.触电事故应急措施

（1）预防触电事故措施

①现场临时用电严格按批准后方案实施，如需更改方案，必须按专项施工方案审批程序的要求重新报批。施工现场临时用电采用"三相五线制"，电线电缆必须按要求敷设，不可随地拖拉。

②施工现场配电箱必须采用铁壳配电箱，箱内的电器（漏电开关、空气开关、闸刀开关）应与用电设备、配电线路相配套，所有配电箱要统一编号，实施专人管理。

③对户外使用电气设备和用电器具，应采取防雨措施。移动式电器、机具设备应采用防水电缆供电，跨越道路应埋入地下或做穿管保护，夜间施工必须有电工值班。

（2）触电事故应急措施

①脱离电源对症抢救，当发生人身触电事故时，首先使触电者脱离心源。迅速急救，关键是"快"。

②对于低压触电事故，可采用下列方法使触电者脱离电源：

a.如果触电地点附近有电源开关或插销，可立即拉开电源开关或拔下电源插头，以切断电源。

b.可用有绝缘手柄的电工钳、有干燥木柄的斧头、有干燥木把的铁锹等切断电源线。也可采用干燥木板等绝缘物插入触电者身下，以隔离电源。

c.当电线搭在触电者身上或被压在身下时，也可用干燥的衣服、手套、绳索、木板、木棒等绝缘物为工具，拉开、提高或挑开电线，使触电者脱离电源。切不可直接去拉触电者。

③对于高压触电事故，可采用下列方法使触电者脱离电源：

a.立即通知有关部门停电。

b.带上绝缘手套，穿上绝缘鞋，用相应电压等级的绝缘工具按顺序拉开开关。

c.用高压绝缘杆挑开触电者身上的电线。

④触电者如果在围堰高处作业时触电，断开电源时，要防止触电者摔下来造成二次伤害：

a.如果触电者伤势不重、神志清醒，但有些心慌、四肢麻木、全身无力或者触电者曾一度昏迷,但已清醒过来,应使触电者安静休息,不要走动,严密观察并送医院。

b.如果触电者伤势较重,已失去知觉,但心脏跳动和呼吸还存在,应将触电者抬至空气流通处,解开衣服,让触电者平直仰卧,并用软衣服垫在身下,使其头部比肩稍低,以免妨碍呼吸,如天气寒冷要注意保温,并迅速送往医院。如果发现触电者呼吸困难,发生痉挛,应立即准备对心脏停止跳动或者呼吸停止的抢救。

c.如果触电者伤势较重,呼吸停止、心脏跳动停止或二者都已停止,应立即通过口对口人工呼吸法及胸外心脏挤压法进行抢救,并送往医院。在送往医院的途中,不应停止抢救,许多触电者就是在送往医院途中死亡的。

d.人触电后出现的神经麻痹、呼吸中断、心脏停止跳动、呈现昏迷状态,通常都是假死状态,万万不可当作"死人"草率从事。

e.对于触电者,要特别注意搬运问题,很多触电者,除电伤外还有摔伤,如搬运不当,折断的肋骨扎入心脏等,可造成死亡。

⑤人工呼吸是在触电者停止呼吸后采用的急救方法。各种人工呼吸方法中以口对口呼吸法效果最好。

⑥胸外心脏挤压法是触电者心脏停止跳动后的急救方法:做胸外挤压时使触电者仰卧在比较坚实的地方,姿势与口对口人工呼吸法相同,救护者跪在触电者一侧或跪在腰部两侧,两手相叠,手掌根部放在心窝上方,胸骨下 $1/3 \sim 1/2$ 处,掌根用力向下(脊背的方向)挤压,压出心脏里面的血液。成人应挤压 $3 \sim 5$ 分钟,每秒钟挤压一次,太快了效果不好。挤压后掌根迅速全部放松,让触电者胸廓自动恢复,以使其血液充满心脏。放松时掌根不必完全离开胸部。

5.气象性灾害应急措施

(1)防台风应急措施

①安排专人收听台风信息,修订完善防台预案、措施,检查抗台所需的人、机、物准备情况,根据台风预报合理安排生产计划,组织防台教育和演练。

②接到进入三级防台风的指令后,停止抗风能力差的施工作业,施工中所用的船舶在接到台风报警后不得出航,要提前驶入预先选定的避台避风锚地并锚实;最大限度地减少现场施工的机械设备和人员的投入;全面检查落实防抗准备工作,召回防台风骨干人员,据实调整抢险小分队;降低可活动设备的高度,缩小招风面,加固设备、设施。

③进入二级防台后,停止所有施工作业,切断电源,关闭施工现场发电、用电设备,撤离方便的机械设备要尽量撤离,不便撤离的机械设备要做好保护工作。抢险人员设备、物资处于临战状态;安排全时值班,派专人(2人以上)对重点部位巡查,遇紧急情况随时报告。

④进入一级防台阶段,全员进入抗台部署,启动防汛应急预案;发生险情时,立即采取抢险措施,并迅速向业主和当地有关部门报告;全时值班,领导带班;正点报告现场风情,遇紧急情况随时报告。

⑤发生人员伤亡时,立即启动安全生产险情及紧急情况反应预案,迅速组织抢救。

(2)防汛应急预案

①进入汛期和接大风预报时,修订完善防汛预案、措施,检查抗汛需要的人、机、物准备情况,安排抢险值班车辆;安排专人值班,及时接收、传递信息;每天向业主报告汛情。

②汛期达到警戒水位时,视情况撤离人、机、物;派专人(2 人以上)24 小时巡视;发生险情时,立即采取抢险措施,并迅速向业主和当地防汛部门报告;正点报告现场汛情,遇紧急情况随时报告。

③发生人员伤亡时,立即启动安全生产险情及紧急情况反应预案,迅速组织抢救。

④汛期应观测水位情况,同时安排专人在进行巡逻,发现失控船只时及时报告应急领导小组,并立即暂停施工、撤出栈桥和平台上的人员和机械并封闭栈桥,防止废弃船只撞击栈桥引起人员伤亡。

⑤汛期期间加强与阳江市水务部门联动,保证施工水位稳定。

⑥安排专业施工队伍对栈桥范围内漂浮物进行打捞,减少阻水作用,以利于排洪。

6. 高空坠落

抢救时应使伤员安静平躺,判断其受伤情况,出现出血时应及时止血,使用消毒棉纱覆盖伤口进行包扎;脑颅外伤时应使伤员采取平卧位,保持气道通畅,如外观无出血,但有面色苍白、脉搏细弱、气促、四肢冰冷等状态,应保持温暖,速送医院救治。

7. 人员伤害

当发生人员受伤事故时,首先要考虑的是及时救治受伤人员,使人员伤害降低到最低限度。为方便对受伤人员进行简单处理,公司应准备好跌打损伤药品、创口贴、消炎止血药品等急救物资。急救药品放入各部门的急救箱统一管理,发生人员受伤的紧急情况时,针对不同的情况,现场其他人员应采用正确的方法进行处理。

8. 机械伤害事故

(1)成立以项目负责人为组长、各部门负责人为组员的防机械伤害事故安全领导小组,成立相应防事故小组,设事故专职安全员,负责各项安全工作的落实,做到有组织、有计划地进行预测,做好事故发生后的预备方案。

(2)统一领导,分级负责,职责明确。机械伤害事故应急抢险救援工作遵循项目经理部统一领导,作业队伍、班组分级负责,应急救援人员应明确职责,落实应急处置的责任。

(3)各级人员在作业工作中均应严格执行《机械安全操作规程》的规定。机械加工工作中操作人员必须熟悉加工设备的性能和正确的操作方法,严格执行安全操作规程。使用工具前应进行检查,不完整的工具不准使用。

(4)各种加工机械附近要设有明确的操作注意事项。作业前应认真进行作业风险预控分析,工作负责人根据作业内容、作业方法、作业环境、人员状况等去分析可能发生危及人身或设备安全的危险因素,认真填写作业风险分析表并采取有针对性的措施,预防事故的发生。

(5)坚持"以人为本,安全第一"的原则。应急救援工作要始终把保障作业人员的生命安全和身体健康放在首位,切实加强应急救援人员的安全防护,最大限度地减少机械伤害事故造成的人员伤亡和危害。

(6)相互协调、快速反应。项目经理部、作业队伍、班组等应密切协作、相互配合,保证机械伤害事故的信息及时报告、准确传递、快速处置,在第一时间启动相应的应急预案。

9. 人员触电

当施工中发生施工人员触电事故时,立即把触电者与带电线路脱离,将伤者脱离电源的过程应注意自保,触电者没有脱离电源前,不能用手直接触及伤者。伤者脱离电源后,如果神志清醒,应使其就地平躺,立即打电话到附近医院求助医治,如果神志不清,应立即按照心肺复苏法进行就地抢救至医务救助人员的到来,并做好以下工作。

(1)项目经理部定期进行"触电事故应急响应"的模拟演练。并对"应急响应"的有效性进行总结评价,必要时对"应急响应"的要求进行调整或更新。对项目参与人员进行相关的培训与安全教育。

(2)现场人员发现触电事故后,应迅速切断电源;就近拉闸,拔下漏电设备的插头或取下熔断器,并将触电人员脱离带电设备;帮助触电者脱离带电设备时应注意:确认设备已断电;使用绝缘工具帮助触电者脱离带电设备。

(3)实施抢救。将触电者脱离电源后,应观察触电者的情况,并根据实际情况实施抢救。同时,迅速向安全管理人员和部门负责人报告,并注意保护事故现场,为事故调查处理提供依据。

(4)触电事故发生后,应迅速查明险情,确定应急区域范围。电气设备故障、严重漏电事故等以任何绝缘区域为应急区域范围。对事故可能波及工地外,引起人员伤亡或财产损失的,需要寻求当地政府的协调,并在事故发生后及时通报政府或相关部门确定应急区域范围。

10. 重大污染应急处置措施

(1)准确定位,探明污染源的位置。

(2)根据需要在溢油或化学品扩展趋向处布设数道围油栏,在受污染影响的取水口及重要养殖场附近设置警戒船、围油栏,并及时向水上溢油应急指挥中心及海事部门报告。

(3)及时用吸油毡等清理围油栏里的污染物,遇有大量污染物出现时,及时增派船舶。

(4)及时用吸油毡或其他有效器材从江面回收污染物。

(5)遇有大量污染物出现时,所有清污船舶赶赴现场,使用围油绳围堵并清理从围油栏里溢出的污染物,如仍无法清除,则向有关部门申请使用消油剂。

(6)采取措施防止污染物污染,如船舶破损,及时调用附近合适船舶进行过驳。

(7)做好污染物的打捞和取样工作。

11. 雷雨大风应急

(1)雷雨大风的特征:雷雨大风是一种突发性强、风向急转、风势猛烈、持续时间短的中小尺度的强对流灾害性天气。在目前的气象设备和预测技术的条件下,对其生成、风向和风力仍未能完全掌握其规律性,对架空电缆施工安全构成严重的威胁。

(2)雷雨大风多发期为每年的立春至立夏前后(2～5月份)。其中立春至清明前后,雷雨大风多发生在凌晨至上午,且来势猛烈,俗称"春头西北",其风力通常在8～11级,最大可达12级以上。立夏至秋末(5～9月份),雷雨大风多见于午后至深夜,台风来临前亦会诱发雷雨大风。

(3)雷雨大风来临前有如下几种预兆:

天象:春夏季节,天空突然昏暗,视程急剧下降,乌云如倒梨状密布,云体向下突出,滚动很快,云底呈现灰白色的雨幕,且频频闪电,时有沉闷的雷声;夜间西北方向的天空电闪雷鸣,黑云成片。

气温:闷热,温度一般比正常气温高 2~4 ℃,雷雨大风到来时突然转凉。

湿度:湿度突然增大。

气压:气压先有下降的趋势,雷雨大风到来时,突然升高 200~500 Pa。

雷达荧光屏上出现浓白色带状或块状的回波,边缘清楚,从西向东,或西北向东南方向快速移动。

(4)实施步骤

①雷雨大风多发期前,各部门和船舶(施工人员)组织管理人员和船员学习气象知识和防风应变措施,克服麻痹思想和侥幸心理,增强防风意识,做到有备无患。

②雷雨大风多发期,公司要保持值班电话 24 小时畅通;负责接收(听)当地气象部门发布的危险天气信息,并及时将危险天气警报向公司船舶通告,同时做好接收、反馈信息记录。

③应变总指挥组长是本船防抗雷雨大风工作的组织者、指挥者,负责落实各项防风措施和指挥船员防抗雷雨大风。

④发现雷雨大风预兆或收到危险天气警报时,要密切注意天气变化情况,做好防御雷雨大风各项准备工作。施工船舶的船长负责指挥,各个船员按应变部署岗位各司其职:

甲板部:由大副领导,在船头指挥抛锚,或顶岸基系靠码头等。

轮机部:由轮机长领导,保证主副机、供电、排水系统等工作正常。

各岗位人员在操作过程中要注意人身安全。

⑤施工船舶驾驶员要随时注意观测天象和利用其他有效手段判断雷雨大风征兆。船舶在航行中或途中停泊期间要连续开机收听并遵守通信纪律。将接收的危险天气预报内容及本船所处天气实况记录在"航海日志"上。

⑥施工船舶在遭遇雷雨大风袭击的紧急情况下,船长应根据本船所处的环境,及早采取避风安全措施。

⑦施工船舶要根据本船的吃水深度情况驶入河涌、河汊避风。

⑧施工船舶锚泊:选择上风及河床底质好,水深适宜的锚位锚泊,同时抛上风锚,抛出足够长度的锚链,并用车舵配合抗风。

⑨施工船舶靠堤岸:选择没有礁石的堤岸靠泊,系好首、尾横缆并抛锚。

⑩施工船舶抢滩:选择适当的码头(趸船、驳船等)靠泊,并用车、舵配合抗风。

⑪顶风抗御:这是万不得已采取的措施。在顶风抗御时,要保持船头顶风,切忌停车和横向受风。

⑫船舶遭遇雷雨大风,要及时将本船位置、遇风情况及采取的措施向附近海事主管部门汇报,并做好记录。

⑬五级及以上大风时,应停止作业。

12. 传染性疾病防治预案

新冠肺炎、手足口病、甲型流感以及埃博拉病毒是近年较流行的传染型疾病。该病通常发生在春秋季,常表现为感冒发烧症状,潜伏期为 7~15 天,通过唾液飞沫等途径传播,特别是在人群密集的地方其传播速度很快,而且不易被发现。

(1)为了防止类似疾病在工程内部传染,我们必须做好相关的防范措施:

①接到传染病预防通知后应立即召集所有人员开动员大会,布置、落实抗病工作有关

事项。

②班组在招用人员时必须严格禁止录用来自疫区的一切人员,包括家属、小孩等。

③禁止班组一切人员离开工地。

④对现有人员进行严格的审查,并组织人员进行健康检查。

⑤加强工地和宿舍环境卫生检查、监督工作,室内应保持通风,教育好工人养成良好的个人卫生习惯。

⑥工地内部食堂、宿舍、生活区卫生做好保洁工作,定时消毒;购买有关药品、口罩、温度计等并发放到员工手中。

⑦随时注意内部人员身体情况,有发烧、感冒现象应及时量体温,对于体温超过37.5 ℃的及出现相关疾病征兆的病人应立即送医院进行隔离救治。

⑧工地内部应设置隔离设施,对于出差、探亲返乡的人员应严格按规定进行隔离。

⑨被隔离的人员享受工作期间的工资待遇,不得以任何理由克扣其工资或开除。

⑩被隔离期间应保持冷静,待被正式通知解除隔离时方可离开隔离区。

(2)施工船舶防疫物资配发使用管理

①根据在船船员人数,配发充足的口罩,包括配备给梯口值班人员、与外来人员接触的工作场所人员和航运公司上船工作的岸基人员使用(按船上实际需要配发)。

②配备防护手套、护目镜和防护服(按船上实际需要配发)。

③配备医用红外线测温仪。

④配备手消毒剂,放置在梯口、生活区公共场所使用。

⑤配备消毒液、消毒粉,用于厨房和生活区场所消毒。

⑥船上防疫物资缺乏或不足时,及时向航运公司报告。

(3)疑似症状监测

(1)船长应当指定专人负责对在船船员和施工人员进行体温测量。

(2)每天早晚各进行一次体温测量,同时观察和询问有无相关症状,测量结果及疑似症状应当及时登记,由船长签字后存档备查。

(3)在船船员和乘客体温跟踪测量实行报告制度,正常情况下每天定时向公司岸基管理部门报告,如发现船员发热、疑似病症或身体其他异常情况,应当立即向公司报告。

(4)船舶梯口管控

①船舶靠泊作业期间,船长应当督促梯口值班人员加强梯口管控,严格检查所有登轮人员证件及个人防护用品的佩戴情况,无关人员禁止登轮。

②梯口值班设登轮人员体温测量和登记岗,对登轮人员须先测量体温,体温超过摄氏37.5 ℃以及未按规定佩戴个人防护用品的人员禁止登轮。

③梯口值班人员应当严格佩戴口罩和防护手套,必要时穿戴防护服、佩戴护目镜。

④在境内高风险地区,无特殊情况不建议船员登陆。

⑤登陆人员佩戴过的口罩严禁带入生活区,应当统一投放到在梯口设的密封回收容器中。

(5)个人防护(注意个人卫生)

①船员(施工人员)应当勤洗手、勤洗澡、勤换衣物。

②船员(施工人员)在咳嗽或打喷嚏后、制备食品全过程、饭前便后、接触他人或动物后

以及外出回船后等情况下,应当规范地清洗手部,无法获得流动水的情况下可采用手消毒剂清洁手部。

③船员(施工人员)应当将在室外或工作场所工作时穿着的衣服放在更衣室内,严禁穿回个人房间,勤用消毒液泡洗工作服。

④船员(施工人员)在咳嗽或打喷嚏时应当使用纸巾遮挡,防止飞沫喷溅,用过的纸巾建议集中焚烧处理。

相关批文与附图

附件1　××架空电缆过江的船舶通航安全保障方案专家组论证意见(略)

附件2　××架空电缆过江的船舶通航安全保障方案专家组论证意见的修改说明(略)

附件3　××架空电缆过江的航道水深图(略)

附件4　××架空电缆的跨河缆线立面图(略)

附件5　××架空电缆施工工程水域航道示意图(略)

附件6　××架空电缆施工水域占用示意图(略)

附件7　××架空电缆施工水域周边设施关系图(略)

附件8　××航道布置及航标配布图(略)

附件9　关于××电厂冷热电联产项目(339万kW)接入系统工程项目核准的批复(略)

附件10　××省××航道局"关于××电厂冷热电联产项目(339万kW)接入系统工程项目跨越航道有关通航技术标准的复函"(略)

5.2　架空电缆跨越某河水道施工方案示例

5.2.1　编制说明

1.编制依据

(1)《电力安全工作规程电力线路部分》(GB 26859—2011);

(2)《电力建设安全工作规程(第2部分:电力线路)》(DL 5009.2—2013);

(3)《输电线路张力架线用防扭钢丝绳》(DL/T 1079—2007);

(4)《工程建设标准强制性条文》(电力工程部分)(2011版);

(5)《中国南方电网有限责任公司电网建设施工安全基准风险指南》南方电网公司2012版;

(6)《中国南方电网有限责任公司电网建设施工作业指导书》第三部分:送电线路2012版;

(7)《中国南方电网有限责任公司电力事故事件调查规程》(Q/CSG 210020—2014);

(8)《中国南方电网有限责任公司十项重点反事故措施》南方电网安生〔2005〕4号;

(9)《110 kV~750 kV架空电力线路施工及验收规范》GB 50233—2014;

(10)《10 kV~500 kV输变电及配电工程质量验收与评定标准(第一册:输电线路)》中

国南方电网有限责任公司企业标准 Q/CSG 411002—2012。

设计图纸及文件。

2. 适用范围

本施工方案适用于 500 kV ××站线路工程(1 段)跨越××水道封航施工。

5.2.2　工程概况及说明

本工程由 500 kV ××至××线路甲乙线#51 塔(原设计编号 GB6)附近的解口点起至 A17/B117 止,两条解口线路全长 12.116 km。

(1)A1～A17 塔新建线路长 6.069 km(共 16 基塔),调整解口点相邻耐张段的旧线路弧垂 1.034 km;

(2)B101～B117 塔新建线路长 6.047 km(共 16 基塔),调整解口点相邻耐张段的旧线路弧垂 1.458 km。

新建线路均采用同塔双回路设计,导线采用 4×JL/LB1A720/50 铝包钢芯铝绞线,地线型号一根为 JLB40-150,另外一根为 48 芯 OPGW 光缆。

A12～A13 段和 B112～B113 段跨越××水道,××水道是一条横贯围内的自然主干河,起于三墩,止于三宝闸,全长 9 km,通航等级为 7 级(净空高度 12m),最高洪水位按 5 年一遇的洪水位。为了××水道通航的安全及本工程施工的安全顺利完工,特编写本方案,申请采取封航的方法进行跨越施工。

5.2.3　施工准备

(1)工程施工前应结合本工程特点编制详细的且可行性高的施工方案及安全、质量保证措施。

(2)跨越××河道,应事先与航道部门取得联系,办理好各种手续以便在施工过程中能得到海事部门的协助、指导。

(3)严格执行三级交底制度,对所有参与施工的人员进行安全、技术交底;须特别强调本工程施工危险点的辨识及预控措施。

(4)通过施工验算,确定本工程须投入的施工工器具的数量、规格及型号;并在投入使用前认真检查工器具的状态,确保施工安全。

(5)根据本工程施工任务,合理安排施工作业,制定严密的劳动组织机构;并在施工过程中,视情况而定,相应增加施工作业人员,以保证工期目标的实现。

(6)对甲供材(导线、瓷瓶)进行全程跟踪,确保本工程具备连续施工的条件,以免耽误封航时间;同时对到货的材料进行开箱验收检查,确保材料质量,验收合格后,通知施工人员将材料运至施工现场并将瓷瓶、金具及滑车进行组装。

(7)对到场的施工机具应在封航前运至各施工杆号或牵、张场。

(8)针对本工程架线作业施工的特殊性,应加大对安全防护工具的投入。

5.2.4　施工人员组织

1.组织机构

业主单位:××电网有限责任公司

项目负责人:××　　电话:××

监理单位:××　　电力工程监理有限公司

总监:××　　　　电话:××

安全责任人:××　　电话:××

质量责任人:××　　电话:××

施工单位:××　　输变电工程有限公司

项目总指挥:××　　电话:××

现场施工总指挥:××　　电话:××

技术负责人:××　　电话:××

安全负责人:××　　电话:××

2.施工组织

施工力量是所有计划实施的基础,本工程选派公司"技术素质一流、思想政治觉悟高"的施工队伍承担施工任务,以高标准、严要求、优质、高效地建设本工程。

5.2.5　跨越

1.计划申请封航时间(表5-24)

表5-24　计划申请封航时间表

线路	阶段	通航河流	封航开始日期	封航结束日期
500 ××线路一段	A12～A14 段和 B112～B114 段架线施工	××	××年×月×日	××年×月×日

2.跨越参数(表5-25)

表5-25　跨越参数

跨越挡	跨越挡距/m	被跨越河流名称	跨越点位置	交叉角	80 ℃时导线弧垂最低点至最高洪水位的最小垂直距离/m	被跨越河流河面宽/m	杆塔边缘至堤围边缘的最小水平距离/m
A12～A13	416	××	××	72°	48.5	60	134
B112～B113	373	××	××	72°	42.9	60	118

5.2.6　封航施工

封航时,在作业区上游100 m、下游100 m各设一艘巡逻船(海事部门派出),每条巡逻船配备对讲机一台,如图 5 – 14 所示。

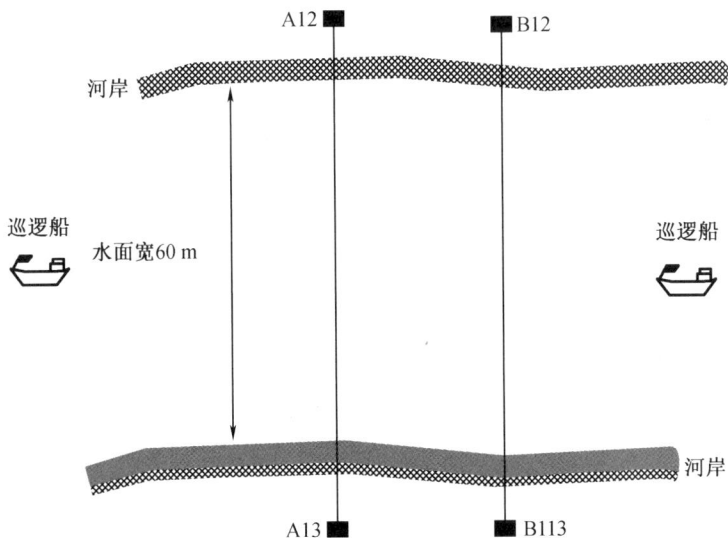

图 5 – 14　封航施工示意图

在进行架线施工时,巡逻船位于跨越段的上下游,进行封航工作,封航完成后进行架线施工。

岸上和船只上各设一名监护人员,随时向两边牵张场汇报导地线、船只的相关情况,确保架线施工的顺利进行。

配合 A12 ~ A14 段和 B112 ~ B114 段架线施工,架线采用张力架线施工方法,施工方法详见《架线施工方案》。

当接到解除封航命令时,牵张场停止作业,两边导线或牵引绳作双保险临锚,所有的封航船只让开航道,停靠在江岸两边,并打好船锚,原地待命。

5.2.7　施工安全、技术措施

(1)水上作业必须配置水上救生器材,并选择水性好的人员作为水上安全监护人,所有水上作业人员都必须穿救生衣、熟悉水性且具有自救能力。

(2)不得安排不熟悉水性的人员水上作业。施工人员应严格执行《电力建设安全工作规程》架空电力线路部分的有关规定。

(3)所有参加作业的人员必须经过技术方案交底,熟悉施工方案和安全措施,有步骤有秩序地进行作业。

(4)在整个放线过程中,应防止小船或无关人员乘船或游泳进入放线作业区。

(5)做好施工安排,同一个工序的施工最好在每天航道解封前完成,须过夜的应加强锚固,航道解封后,应停止河面上的一切工作。

(6)加强设备、机具的检查、试验、维修工作,每位施工人员开工前对自己使用的工具都要认真检查,不合格的严禁使用。

(7)按规定要求,认真做好各种临时保护接地。

（8）地锚填土前必须经技术人员检查，淤泥中的地锚必须加厚木、坑内积水要排干，回填土要分层夯实，并高于地面 300 mm。

（9）各岗位人员必须坚守岗位，听从指挥，精力集中进行工作，未经许可，严禁擅自离开工作岗位。

（10）手板葫芦在受力情况下严禁打开快松手柄使其快转而损坏摩擦片。

（11）做好沿线交叉跨越点、导地线线头过滑车等监护。

（12）装卸地面卡线器时如线缆较高时，必须使用梯子等，禁止用人压线的方法，防止人员高空坠落。

（13）卡线器内的毛刺必须用砂纸打光，卡线器拆除后导线的表面应用砂纸打光。

（14）人员严禁饮酒，必须戴安全帽，高空作业必须穿软底鞋，系好安全带。

（15）高空作业人员应持证上岗，并体检合格，身体不适者应禁止上岗。

（16）高空作业人员应衣着灵便，穿软底鞋并正确佩戴安全帽。

（17）高空作业人员必须采用双背式安全带；施工时须系好安全带，安全带必须拴在牢固的构件上，并不得低挂高用。

（18）高空作业人员在转移作业位置时不得失去保护，手扶的构件必须牢固；作业人员在上下铁塔应沿脚钉或爬梯攀登，不得沿单根构件上爬或下滑。

（19）高空作业所用的工具和小件材料应放在工具袋内或用绳索绑牢，上下传递物件时应用绳索吊送，严禁抛掷。

（20）高空作业必须设置安全监护人。

（21）施工过程中，对作业区域有车辆或行人经过的地段应加设围栏分隔作业区域，防止坠物伤人。

（22）遇有雷雨、暴雨、浓雾、五级及以上大风等恶劣天气时，不得进行高空作业。特殊情况须在恶劣天气条件下作业时，须按《职业安全健康体系及环境体系》有关程序文件执行申报手续，并编写具体的特殊施工措施及安全保护措施，经公司总工批准同意才能进行。

5.2.8　环境保护及文明施工措施

1. 文明施工措施

（1）凡进入施工现场，职工着装必须整洁统一，并佩戴胸卡、戴安全帽。

（2）施工现场布置合理，工机具堆放有序。

（3）做好施工现场围蔽及危险警示标志，文明施工，提高施工质量，保证一次成优率。

2. 环境保护措施

（1）对材料的临时卸点要严格控制范围，选择合理的布置方案，力求占地最少，搬运距离最近，对环境造成的污染最小，对受影响部分场地应及时清理并恢复原貌；对废弃的油类和废余材料要妥善处置。

（2）白色垃圾应严格按公司质量安全卫生环保条例进行处理，产生则立即进行回收处理，不允许在施工结束后统一处理。现场废弃的编织袋、塑料制品、线绳等杂物，不许乱丢弃，应及时清理回收。

（3）施工完毕后，派专人进行清理施工过程遗留的废弃物。

（4）严格控制施工机械的油料保管和使用，避免对地表或水源造成污染。

5.2.9　应急预案

应急指挥部见表 5-26。

表 5-26　应急指挥部

职务	人员	联系电话
总指挥	××	××
副总指挥	××	××
组员 1	××	××
组员 2	××	××
组员 2	××	××

1. 人员落水

（1）发现人员立即进行施救工作。现场人员不熟悉水性时，立即用救生圈、绳索、竹竿或木板等使溺水者握住后拖上岸。

（2）负责人（船长）接到报告后立即将情况报告应急指挥部总指挥，同时发出警报器或汽笛三长声，连放一分钟。

（3）派人到岸上（船）旁或高处瞭望，发现目标应及时报告，并做好抢救准备工作。应急指挥部根据实际情况启动相应的应急预案，同时调派水上救援船只加入搜救落水人员。

（4）营救落水人员时，应根据海面风浪情况尽量让落水人员在下风舷侧获救上船，并注意避免造成伤害。

（5）若未能搜索到落水人员，应考虑水流、风力的影响，扩大搜索范围，保持与应急指挥部的联系，及时将情况上报。

（6）救援过程中，抢险人员应做好个体防护措施。

2. 人员触电

立即把触电者接触的那一部分带电设备的开关或刀闸断开，将伤者同电源脱离，将伤者脱离电源的过程应注意自保，触电者没脱离电源前，不能用手直接触及伤者；伤者脱离电源后，如果神志清醒，应使其就地平躺，不要站立走动；如果神志不清，应就地仰面躺平，保持呼吸气道通畅，并拨打"120"求助；当伤者呼吸和心跳停止时，应立即按照心肺复苏法进行就地抢救至专业救助人员到来。

3. 高空坠落

抢救时应使伤员安静平躺，判断其受伤程度，出现出血应及时止血，使用消毒棉纱覆盖伤口进行包扎；脑颅外伤时应使伤员采取平卧位，保持呼吸气道通畅，如外观无出血，但有面色苍白、脉搏细弱、气促、四肢冰冷等情况，应保持温暖，速送医院救治。

4.现场火灾

当现场出现火灾时,首先要保持冷静,如果火灾程度较小可以控制,应马上组织人员使用合适的灭火器进行扑救;如果火灾程度较大不受控制,应马上将火灾现场的易燃易爆物品撤离到安全地点并拨打火警电话"119"求救。

5.突发大风

现场搭设临时跨越物,准备10根角铁锚桩及 $\phi 8$ 钢丝绳,注意关注天气情况,在恶劣天气来临前,对跨越棚架进行加固,在棚架两侧各分五个方向进行锚线,并派人对棚架进行检查,及时消除松动隐患。

6.应急电话

报警电话:110

火警求救电话:119

急救中心电话:120

5.2.10　危险点分析及控制措施

危险点分析及控制措施见表5-27。

表 5 - 27　危险点分析及控制措施

序号	作业任务	作业步骤	危害名称	危害类别（9 类）	危害及暴露的描述	可能导致的风险后果	细分风险种类	风险范畴（6 类）	现有的控制措施
1	材料运输及装卸	人力运输	不平整的路面	物理危害	人力运输道路不平整，可能导致运输作业人员绊跤造成伤害	造成 1～2 人轻伤	绊跤	人身安全	对抬运较大物件所经过的道路，先进行修整再运输
2	材料运输及装卸	人力运输	赤脚或穿硬底鞋	行为危害	赤脚或穿硬底鞋抬运物件、行走时碰及障碍物或打滑可能造成伤害	造成 1 人轻伤	绊跤	人身安全	作业前检查劳动保护用品，穿软底鞋，禁止赤脚和穿硬底鞋
3	材料运输及装卸	人力运输	无防滑措施抬运	行为危害	抬运物件经过雨天过后的泥路湿滑路面，可能造成运输人员滑倒受伤	造成 1 人轻伤	绊跤	人身安全	雨天过后抬运物，会经过湿滑的泥路，事先选择好行走路线并有防滑措施
4	材料运输及装卸	人力运输	受力钢丝绳内角有人	行为危害	用钢丝绳拖运物件，受力钢丝绳内侧有人、钢丝绳脱可能击伤作业人员	造成 1～2 人轻伤	打击	人身安全	开工前，施工负责人对作业人员进行安全技术交底，施工现场设专人监护，受力钢丝绳的转角内侧严禁有人
5	材料运输及装卸	机动车辆运输	无证的驾驶员	行为危害	在未取得驾驶证情况下驾驶车辆，驾驶技术不熟练，导致交通事故发生	造成 1～2 人重伤	交通意外	人身安全	车管员对驾驶员的上岗证把关，严禁无证驾驶
6	材料运输及装卸	机动车辆运输	未配备灭火器的车辆	行为危害	车上未配备灭火器，当车辆失火时不能及时扑救造成车辆损坏	造成财产损失在 0.1～1 万元	设备破损	设备安全	车上配备灭火器，驾驶员定期对灭火器进行检查
7	材料运输及装卸	机动车辆运输	危险的路况	物理危害	运输道路存在险情，沟坡以及路面泥泞等情况，可能导致交通事故	造成 1～2 人重伤	交通意外	人身安全	施工负责人在运输前把道路沿污险情、沟坡、急弯以及路面泥泞等情况向驾驶员和押运员进行交底

表 5-27（续 1）

序号	作业任务	作业步骤	危害名称	危害类别（9类）	危害及暴露的描述	可能导致的风险后果	细分风险种类	风险范畴（6类）	现有的控制措施
8	材料运输及装卸	机动车辆运输	不牢固的物件	物理危害	未绑扎牢固的超高、超长或重大物件，可能导致脱落或侧翻，发生交通事故	造成1~2人重伤	碰撞	人身安全	装运超高、超长或重大物件时，对物件绑扎牢固，绳索铰紧，检查稳妥后方可运输
9	材料运输及装卸	机动车辆运输	恶劣天气的车辆行驶	行为危害	遇暴雨，道路不明时，司机继续前行，导致发生车辆翻侧的交通事故	造成1~2人重伤	交通意外	人身安全	车管员对驾驶员进行道路运输安全教育，遇暴雨、道路不明时，车辆停止运行
10	材料运输及装卸	机械装卸	无证起重作业	行为危害	起重机司机无证作业，技能不娴熟，造成起吊物坠落伤人	造成1人轻伤	打击	人身安全	车管员登记起重作业人员的上岗证，且设现场监护人员，起重机操作和起重作业指挥分别由经培训取证的司机和起重工担任
11	材料运输及装卸	机械装卸	不平整的起吊场地	物理危害	在不平整的场地起吊作业，起重机失稳可能导致起重机损坏	造成财产损失在1~10万元	设备破损	设备安全	作业前平整重起吊场地，汽车起重机作业先将支腿支在坚实土地上，并避开沟、洞、地下管道或松软土地处作业
12	材料运输及装卸	机械装卸	未在吊物重心垂直上方起吊	行为危害	起重机作业时，吊点、吊钩悬挂点与吊物中心不在同一垂直线上起吊，造成物件摆动可能碰伤作业人员	造成1~2人轻伤	碰撞	人身安全	起重机作业前，对吊钩悬挂点与吊物的位置进行检查，确认在同一垂线上后，再进行起吊；吊钩钢丝绳应垂直于吊物，严禁偏拉斜吊，检查稳妥后方可开始起吊

表 5-27（续 2）

序号	作业任务	作业步骤	危害名称	危害类别（9 类）	危害及暴露的描述	可能导致的风险后果	细分风险种类	风险范畴（6 类）	现有的控制措施
13	材料运输及装卸	机械装卸	起重臂或吊件下方有人	行为危害	起重机作业时，起重臂或吊件下方有人，起重臂断裂或吊物伴坠落，可能击伤下方人员	造成 1 人重伤	打击	人身安全	起吊过程设专人监护，起吊过程起重臂和吊件下方严禁有人
14	架线工程	挂悬垂瓷瓶串及滑车	系在绝缘子串上的安全带	物理危害	上下绝缘子串工作时，安全带应拴在横担主材上，加强现场监管	造成 1 人死亡	坠落	人身安全	上下绝缘子串工作时，安全带应拴在横担主材上，加强现场监管
15	架线工程	挂悬垂瓷瓶串及滑车	缺螺栓和销钉的金具串	物理危害	起吊时，金具串缺螺栓和销钉，可能导致绝缘子串失效，作业人员坠落	造成 1 人重伤	坠落	人身安全	在组装金具瓷瓶串时，必须认真检查螺栓、销子是否齐全可靠，提升系统是否正确布置，经查无误后方可提升
16	架线工程	挂悬垂瓷瓶串及滑车	无衬垫软物的绑扎点	物理危害	起吊时，过路滑车所用钢丝套与铁件绑扎处没有衬垫软物，钢丝绳被割断，起吊系统失效导致作业人员受伤	造成 1 人重伤	打击	人身安全	提升前，过路滑车所用钢丝套与铁件绑扎处应加衬垫软物，加强现场监管力度，开工前进行安全交底
17	架线工程	跨越重要交叉跨越通航水道的跨越物施工	通航水道的跨越施工	行为危害	在对通航水道跨越施工时，导地线坠落导致船舶事故	造成 1~2 人重伤	打击	人身安全	对跨越通航水道等重要跨越物，跨越前制定详细的跨越施工方案；办理好相关航手续
18	架线工程	人力及机械牵引放线	现场无安全监护人	行为危害	高空作业时，无法及时制止违章管作业，导致人员受伤	造成 1 人重伤	坠落	人身安全	作业前，施工负责人对作业人员进行安全技术交底，并设安全监护人对高处作业进行监护

表 5−27（续 3）

序号	作业任务	作业步骤	危害名称	危害类别（9类）	危害及暴露的描述	可能导致的风险后果	细分风险种类	风险范畴（6类）	现有的控制措施
19	架线工程	人力及机械牵引放线	系在绝缘子串上的安全带	物理危害	上下绝缘子串工作时,安全带没有拴在横担主材上,安全带滑脱,导致人员坠落伤亡	造成1人死亡	坠落	人身安全	工作前,施工负责人对作业人员进行安全技术交底,现场设专人监护,高处作业时应正确拴好安全带(绳),上下绝缘子串工作时,安全带应拴在横担主材上
20	架线工程	人力及机械牵引放线	通信不畅通	物理危害	放线时,通信不畅通,发生故障不能及时停机,引发安全事故,导致人员受伤	造成1~2人轻伤	夹伤	人身安全	放线前,施工负责人对通信工具进行检查,确认通信清晰、畅通后方可作业
21	架线工程	人力及机械牵引放线	视野不清	物理危害	放线前,施工负责人在视野不清的情况下放线,容易发生事故,造成人员受伤	造成1~2人轻伤	夹伤	人身安全	作业前,施工负责人对作业人员进行安全技术交底,并设专人监护,不得在视野不清的情况下放线
22	架线工程	人力及机械牵引放线	不牢固的放线车(轴、架)	物理危害	没有对放线车(轴、架)固定,放线时发生倾倒造成人员受伤	造成1~2人轻伤	打击	人身安全	开工前,施工负责人对作业人员进行技术交底,现场由专人对放线车(轴、架)的安放进行检查,并采取稳固措施,确认其牢固后方可进行放线
23	架线工程	人力及机械牵引放线	倾倒的放线车(轴、架)	行为危害	放线时,放线车(轴、架)发生倾倒造成作业人员受伤	造成1~2人轻伤	打击	人身安全	放线时,放线车(轴、架)设专人看守,确保其稳固可靠

表 5-27（续 4）

序号	作业任务	作业步骤	危害名称	危害类别（9类）	危害及暴露的描述	可能导致的风险后果	细分风险种类	风险范畴（6类）	现有的控制措施
24	架线工程	人力及机械牵引放线	淹溺	行为危害	施工人员在封航施工时，容易淹溺	造成 1 人死亡	淹溺	人身安全	作业前，施工负责人对作业人员进行安全技术交底，封航施工时采取防淹溺措施，配备救生衣等设施
25	架线工程	人力及机械牵引放线	不牢靠的线盘架	物理危害	放线时，由于线盘架不稳固，转动不灵活或制动不可靠，线盘架倾倒导致作业人员受伤	造成 1 人重伤	打击	人身安全	作业前进行检查，确认线盘架稳固，转动灵活，制动可靠后方可使用
26	架线工程	人力及机械牵引放线	无专人传递信号	行为危害	线盘或线圈展放处无专人传递信号，当出现问题时无法及时停止，线头飞出导致施工人员受伤	造成 1 人轻伤	打击	人身安全	施工负责人安排专人在线盘或线圈展放处传递信号，并检查，确认信号畅通情况
27	架线工程	人力及机械牵引放线	线圈内有操作人员	行为危害	放线时，由于线圈内有操作人员，导致线绞伤人员	造成 1 人轻伤	绞伤	人身安全	牵引前进行检查，确认作业人员站在安全位置后方可牵引
28	架线工程	人力及机械牵引放线	牵引速度过快	行为危害	线盘或线圈接近放完时，由于牵引速度过快，跑线时造成人员受伤	造成 1 人轻伤	打击	人身安全	作业人员注意线盘或线圈的余线情况，在接近放完时及时通知牵引场减慢牵引速度
29	架线工程	人力及机械牵引放线	擅自离岗的护线人员	行为危害	由于护线人员不坚守岗位，在路口处无法及时留意，跑线时小孩在路口附近玩耍要被牵引绳打击受伤	造成 1 人重伤	打击	人身安全	随时注意各路口，人行道等处的来往人及车辆。对在线路附近玩耍的小孩，及时对其离开危险区域

表 5-27（续 5）

序号	作业任务	作业步骤	危害名称	危害类别（9 类）	危害及暴露的描述	可能导致的风险后果	细分风险种类	风险范畴（6 类）	现有的控制措施
30	架线工程	人力及机械牵引放线	绑扎不规范的网套	物理危害	网套绑扎不规范,线头脱扣打击作业人员,造成人员受伤	造成 1 人重伤	打击	人身安全	网套绑扎（由技工操作）,并检查网套的绑扎情况,确认其牢固后方可作业
31	架线工程	张力放线	张力放线无人指挥	行为危害	牵引场,张力场未设专人指挥进行;张力放线,遇紧急情况时不能及时停机,造成人员受伤	造成 1~2 人重伤	打击	人身安全	作业前,施工负责人对作业人员进行安全技术交底,张力场设专人指挥牵引场,张力场设专人指挥
32	架线工程	张力放线	不在同一直线的拉线人员	行为危害	人力展放牵引绳的拉线人员不在同一直线上行走,偏离方向的人员被受力后拽致摔绊受伤	造成 1~2 人轻伤	摔绊	人身安全	作业前进行安全技术交底,并设专人监护,人力展放导引绳的拉线人员在同一直线上行走,以防偏离方向时被受力拽绊受伤
33	架线工程	张力放线	水面上作业人员	行为危害	水面上作业的作业人员落水造成人员溺亡	造成 1~2 人死亡	淹溺	人身安全	作业前进行安全技术交底,并设专人监护,在江河湖水面上作业,工作人员穿救生衣,发现违章行为及时制止
34	架线工程	张力放线	锚固不可靠的转向滑车	物理危害	牵引场专用转向滑车锚固不可靠,受力后脱出造成人员受伤	造成 1 人重伤	打击	人身安全	作业前施工负责人对转向滑车用转向滑车进行检查,确认其满足受力要求,牢固可靠方可使用,并设专人监护

表 5－27（续 6）

序号	作业任务	作业步骤	危害名称	危害类别（9类）	危害及暴露的描述	可能导致的风险后果	细分风险种类	风险范畴（6类）	现有的控制措施
35	架线工程	张力放线	失控的牵引尾线	物理危害	展放导地线、牵引绳时,尾线失控导致跑线造成人员受伤	造成1人重伤	打击	人身安全	展放导地线、牵引绳时要放完时减速率牵引,剩下的尾线或尾绳还有11圈左右时停止牵引,使用人力把洞余部分倒出来
36	架线工程	张力放线	不可靠的导地线、牵引绳	物理危害	导地线或牵引绳在带张力的情况下过夜,未采取正确的临锚安全措施,临锚失效造成人员受伤	造成1人重伤	打击	人身安全	导地线或牵引绳在带张力的情况下过夜,采取二道临锚保险的安全措施
37	架线工程	张力放线	导地线跑线	行为危害	带张力的导线、牵引绳临锚时,未做好防止跑线的二道保护措施,跑线时可能造成人员受伤	造成重伤1人	打击	人身安全	导地线、导牵引绳临锚时,做好防止跑线的二道保护措施,并检查确认其牢固可靠
38	架线工程	张力放线	高空作业未系安全带	行为危害	高空作业时,作业人员未系安全带,容易造成人员高空坠落	造成1人死亡	坠落	人身安全	开工前,施工负责人对作业人员进行安全技术交底,施工现场设安全监护人,高空作业人员必须系好安全带
39	架线工程	张力放线	用身体压线	行为危害	导地线升空时,作业人员用身体压线,被升空时的导线抛至中后坠落造成人员受伤	造成重伤1~2人	坠落	人身安全	导地线升空时采用压线装置,设专人监护,严禁作业人员用身体压线
40	架线工程	张力放线	缺弹簧销的瓷瓶串	物理危害	吊挂绝缘子串时,使用缺少弹簧销的绝缘子,导致瓷瓶串坠击伤作业人员	造成1人重伤	打击	人身安全	组装绝缘子串时,由专人进行检查,确认弹簧销安装齐全,到位后可进行起吊

表 5 - 27（续 7）

序号	作业任务	作业步骤	危害名称	危害类别（9类）	危害及暴露的描述	可能导致的风险后果	细分风险种类	风险范畴（6类）	现有的控制措施
41	架线工程	张力放线	弹簧销钉不到位的瓷瓶串	物理危害	吊挂绝缘子串时，绝缘子串弹簧销未穿到位，晃动脱出坠落击伤垂直下方的作业人员	造成1人重伤	打击	人身安全	组装绝缘子串时，由专人进行检查，确认弹簧安装齐全，到位后方可进行起吊
42	架线工程	张力放线	挂瓷瓶垂直下方站人	行为危害	挂瓷瓶时，垂直下方站人，瓷瓶串坠落伤垂直下方的作业人员	造成1人重伤	打击	人身安全	架线前，对作业人员进行安全技术交底，并设专人监护，及时提醒作业人员，挂瓷瓶时作业人员不得站在垂直下方
43	架线工程	张力放线	未固定的滑车	物理危害	牵引滑车或放线滑车未固定在可靠受力的位置或绑扎牢车，滑车固定失效后坠落可能击伤作业人员	造成1人重伤	打击	人身安全	牵引滑车或放线滑车固定在可靠受力的位置并绑扎牢车，受力前进行检查确认
44	架线工程	张力放线	不牢固的地锚	物理危害	未按技术要求埋设地锚，当地锚受力后不满足使用荷载要求而失效，造成人员受伤	造成1人重伤	打击	人身安全	指派责任心强、工作经验丰富的技工负责监督施工，按技术方案要求的埋设深度、规格、受力方向等埋设地锚
45	架线工程	张力放线	制动不可靠的线盘架	机械危害	线盘架制动不可靠，失控跑线造成人员受伤	造成1人重伤	打击	人身安全	放线前，注意检查线盘架的制动，确认其可靠后，方可使用
46	架线工程	张力放线	不稳固的线盘架	机械危害	线盘架安装不稳固，运转及受力后不满足使用要求，发生倾倒击伤作业人员	造成1人重伤	打击	人身安全	作业前，对线盘架进行检查，确认其安装稳固可靠，方可使用

表 5 - 27（续 8）

序号	作业任务	作业步骤	危害名称	危害类别（9类）	危害及暴露的描述	可能导致的风险后果	细分风险种类	风险范畴（6类）	现有的控制措施
47	架线工程	张力放线	受力工器具以小代大	行为危害	受力工器具以小代大，超载使用后断裂，造成作业人员受伤	造成 1~2 人重伤	打击	人身安全	作业前，施工负责人对作业人员进行安全技术交底，使用时由专人进行检查，受力工器具不得超负荷使用，严禁以小代大
48	架线工程	张力放线	不规范松磨	行为危害	绞磨受力时，采用松尾绳的方法卸荷，易发生失控跑线造成作业人员受伤	造成 1~2 人重伤	打击	人身安全	受力绞磨使用绞磨松出受力磨绳，不受力后再拆出磨绳
49	架线工程	张力放线	磨绳从卷筒上方卷入	行为危害	磨绳从绞磨卷筒上方卷入，不满足受力要求，造成作业人员受伤	造成 1 人轻伤	打击	人身安全	作业前，由专人进行检查，确认磨绳从绞磨卷筒下方卷入并排列整齐、圈数满足要求后方可操作
50	架线工程	张力放线	绞磨刹车打滑	机械危害	使用刹车打滑的绞磨，磨绳滑动造成作业人员受伤	造成 1 人轻伤	夹伤	人身安全	绞磨使用前进行检查、试验，使用中打滑时在机前进行锚固后更换绞磨
51	架线工程	张力放线	葫芦链尾部末打结	物理危害	葫芦链尾未打结，链条受力超出葫芦齿轮制动力，链条滑动后全部滑出，造成作业人员受伤	造成 1~2 人重伤	打击	人身安全	葫芦使用前进行检查，确认葫芦链尾打结结束后方可使用
52	架线工程	张力放线	进入牵引轮或卷筒的旋转连接器	行为危害	旋转连接器直接进入牵引轮或卷筒，旋转连接器受剪力过大造成弯曲变形，连接处断裂造成人员受伤	造成 1~2 人重伤	打击	人身安全	作业前进行安全技术交底，并设专人监护，旋转连接器严禁直接进入牵引轮或卷筒

表 5－27（续 9）

序号	作业任务	作业步骤	危害名称	危害类别（9 类）	危害及暴露的描述	可能导致的风险后果	细分风险种类	风险范畴（6 类）	现有的控制措施
53	架线工程	张力放线牵引场	锚固不牢的牵引机	物理危害	地锚埋设深度不足，不满足牵引机受力要求，造成人员受伤	造成 1～2 人重伤	打击	人身安全	作业前进行安全技术交底，由专人进行检查，确认地锚规格、埋设深度、受力方向等符合受力要求
54	架线工程	张力放线牵引场	跳槽的牵引绳	物理危害	牵引绳跳槽时继续牵引，造成牵引绳被夹断，坠落伤人	造成 1 人重伤	打击	人身安全	对作业人员进行安全技术交底，所有施工人员听从指挥人员的统一指挥，集中注意力，观察滑车的情况，发现问题应立即报告
55	架线工程	张力放线牵引场	规格不符的卡线器	物理危害	导地线牵引到位锚固时，作业人员使用规格不符的卡线器进行锚固，导致导地线飞出坠落造成人员受伤	造成 1 人重伤	打击	人身安全	作业前，由专人进行检查，确认选用的卡线器规格、型号符合要求后方可使用
56	架线工程	导地线液压连接	无上岗证的液压操作人员	行为危害	液压操作人员未经过技术培训，进行导地线液压操作，操作不熟练，导致操作人员受伤	造成 1 人轻伤	挤伤	人身安全	液压规程要求：液压操作人员经过技术培训并持证上岗
57	架线工程	导地线液压连接	有裂纹的高压软管	物理危害	液压时，高压软管破裂，承受高压破例液压油飞溅，导致作业人员受伤	造成 1 人轻伤	打击	人身安全	作业前检查高压软管的接口，确认其合格后，方可使用。发现问题及时更换、维修
58	架线工程	导地线液压连接	手指伸入压模内	行为危害	压膜时，操作人员将手指伸入压膜内时，压膜合拢，导致作业人员手指夹伤	造成 1 人轻伤	夹伤	人身安全	作业前，施工负责人对作业人员进行安全技术交底，作业人员不得将手指伸入压膜内

表 5 - 27（续 10）

序号	作业任务	作业步骤	危害名称	危害类别（9 类）	危害及暴露的描述	可能导致的风险后果	细分风险种类	风险范畴（6 类）	现有的控制措施
59	架线工程	导地线液压连接	无操作平台的高空压接	行为危害	未设压接平台进行高空压接，液压机、液压钳坠落等导致作业人员受伤	造成 1 人重伤	打击	人身安全	高空压接施工，设操作平台，压接机和液压钳要有防坠落的稳固措施；现场设专人监护，压接下方严禁有人
60	架线工程	导地线液压连接	系在绝缘子串上的安全带	物理危害	作业人员高空压接时，下绝缘子串工作，安全带系在绝缘子串上，绝缘子串断裂导致作业人员坠落	造成 1 人死亡	坠落	人身安全	开工前，施工负责人对操作人员进行安全技术交底，现场设专人安全监护，作业人员下绝缘子串工作时将安全带挂在横担主材上
61	架线工程	导地线液压升空	无控制绳的压线滑车	物理危害	压线滑车无控制绳，受力后出现转动不灵活，受力不平衡的情况，脱落造成作业人员受伤	造成 1～2 人轻伤	打击	人身安全	升空前进行检查，压线滑车设控制绳控制
62	架线工程	紧线	无人监护的跨越架	行为危害	紧线时，未设专人对电力线路跨越架进行监护，导地线卡住跨越架导致跨越架倒塌	造成财产损失 1～10 万元	局部停电	电网安全	对紧线段内的跨越架设专人监护，确认安全后，方可向指挥人员报告可以进行紧线
63	架线工程	紧线	无人监护的跨越架	行为危害	紧线时，未设专人对公路跨越架进行监护，导地线卡住跨越架，跨越架倒塌造成人员受伤	造成 1 人轻伤	坍塌	人身安全	对紧线段内的跨越架设专人监护，确认安全后，方可向指挥人员报告可以进行紧线
64	架线工程	紧线	无人监护的转向滑车	行为危害	紧线时，因转向滑车转动不灵，未及时发现，工器具受张力过大而断裂，导致作业人员受伤	造成 1 人轻伤	打击	人身安全	对紧线段内的跨越架设专人监护，确认安全后，方可向指挥人员报告可以进行紧线

表 5-27(续 11)

序号	作业任务	作业步骤	危害名称	危害类别 (9 类)	危害及暴露的描述	可能导致的 风险后果	细分风险 种类	风险范畴 (6 类)	现有的控制措施
65	架线工程	紧线	无专人指挥进行紧线	行为危害	紧线时,未设专人指挥,作业人员之间相互不协调,导致作业人员受伤	造成 1 人重伤	打击	人身安全	紧线段内的通信联系必须始终保持畅通,信号中断立即停止牵引,设专人指挥,所有施工人员听从指挥,发现问题立即通知指挥人停机处理
66	架线工程	紧线	导地线垂直下方站人	行为危害	在紧线、挂线、松线时,人员站在导地线的垂直下方,导地线脱落,导致人员受伤	造成 1 人重伤	打击	人身安全	作业前,施工负责人对作业人员进行安全技术交底,并设专人监护,在紧线、挂线、松线过程中,任何人不得站在导地线垂直下方,以防导地线坠落伤人
67	架线工程	紧线	过牵引进行挂线	行为危害	挂线时,过牵引进行挂线,工器具受力过大断裂,导致人员受伤	造成 1 人重伤	打击	人身安全	挂线时,当金具接近挂线点时应停止牵引,操作人员方可从安全位置到挂线点进行操作,挂线时随时观测弛度,以免牵引力过大
68	架线工程	紧线	不牢靠的地线卡线器	物理危害	紧地线时,地线卡线器不够牢靠造成跑线,导致作业人员受伤	造成 1 人轻伤	打击	人身安全	地线卡线器使用前进行检查,确认其牢靠后方可作业,并采取双保险措施
69	架线工程	紧线	超负荷使用的锚固工器具	物理危害	锚线时,选用与紧线张力不配套的工器具,导致作业人员受伤裂,同时考虑过牵引断	造成 1 人轻伤	打击	人身安全	按各自能承受全部紧线张力选用工器具,同时考虑因过牵引而产生的张力

表 5 - 27（续 12）

序号	作业任务	作业步骤	危害名称	危害类别（9 类）	危害及暴露的描述	可能导致的风险后果	细分风险种类	风险范畴（6 类）	现有的控制措施
70	架线工程	平衡挂线	销钉断裂的卡线器	物理危害	锚线时使用销钉断裂的卡线器，受力时跑线，造成高处坠落事故	造成 1 人死亡	坠落	人身安全	对工器具定期进行维护、保养，试验；使用前进行认真检查，确认卡线器完好后，方可使用
71	架线工程	平衡挂线	打滑的手板葫芦	物理危害	使用打滑的手板葫芦锚线，受力时造成葫芦链条打击作业人员	造成 1 人重伤	打击	人身安全	工器具定期进行维护、保养，试验；使用前进行认真检查，确认手板葫芦完好后，方可使用
72	架线工程	平衡挂线	未装设接地线即进行平衡挂线	行为危害	平衡挂线时，未装设接地线，导线上的感应电造成作业人员触电	造成 1 人死亡	触电	人身安全	平衡挂线时，在耐张段两端或中间安装临时接地线，并确认接地线安装牢固，以防感应电伤人
73	架线工程	平衡挂线	同一导线上作业	行为危害	在正在进行平衡挂线的同一导线上进行其他作业，导线突然跑线，造成作业人员高处坠落	造成 1 人死亡	坠落	人身安全	在进行平衡挂线时，停止在同一导线上进行的其他作业，相互错开
74	架线工程	平衡挂线	过负荷的钢丝绳	行为危害	挂耐张绝缘子串时，瓷瓶串受力，拉直后挂不上仍强拉硬挂，钢丝绳断裂，导致人员受伤	造成 1~2 人轻伤	打击	人身安全	杆塔上临锚要与地面上的牵引力配合进行，瓷瓶串受力拉直后挂不上时收紧临锚后再进行挂线，挂线裕度后不得进行挂线，严禁强拉硬挂
75	架线工程	平衡挂线	超出允许范围的牵引力	行为危害	平衡挂线时，过牵引距离超过 300~400 mm 仍继续牵引，牵引力超出了允许范围，钢丝绳断裂，导致人员受伤	造成 1~2 人重伤	打击	人身安全	平衡挂线时，严格控制过牵引距离在 300~400 mm 以内，超过范围仍挂不上时应查明原因

表 5-27（续 13）

序号	作业任务	作业步骤	危害名称	危害类别（9类）	危害及暴露的描述	可能导致的风险后果	细分风险种类	风险范畴（6类）	现有的控制措施
76	架线工程	平衡挂线	坠落的导线	物理危害	在导线断线点两端，还没有用绳索绑牢之前即进行断线，导线失控坠落地面，造成人员受伤	造成 1~2 人轻伤	打击	人身安全	操作人员断线之前，将导线断线点的两端用绳索绑牢固定后，方可进行断线，确认防导线头坠落伤人
77	架线工程	平衡挂线	临锚过夜的导线	物理危害	导线割断后在高处临锚过夜，容易跑线造成导线坠落损坏	造成财产损失 0.1~1 万元	设备破损	设备安全	割断后的导线应当天挂接完毕，避免过夜，过夜时做好二道保护措施
78	架线工程	附件安装	系在绝缘子串上的安全带	行为危害	附件安装时，安全带系在绝缘子串上，安全带滑脱导致作业人员坠落	造成 1 人死亡	坠落	人身安全	作业前，施工安全技术交底，并设专人监护；附件安装时，安全带拴在横担主材上，不得直接拴在绝缘子串上
79	架线工程	附件安装	无二道防护绳的附件安装	行为危害	附件安装时，离开杆塔本体结构采取二道防护绳（速差保护器），当提升工器具或挂线金具断裂，导致作业人员高空坠落	造成 1 人死亡	坠落	人身安全	作业前进行安全技术交底，附件安装离开杆塔本体结构时，作业人员使用二道防护绳（速差保护器）作业
80	架线工程	附件安装	坠落的导、地线	物理危害	在跨越带电线路、公路、通航河流，重要通信线的施工段内杆塔上安装附件时，坠落的导地线造成人员受伤	造成 1~2 人轻伤	坠落	人身安全	开工前进行安全技术交底，并设专人监护，采用钢丝绳套打好双保险

表 5 - 27（续 14）

序号	作业任务	作业步骤	危害名称	危害类别（9 类）	危害及暴露的描述	可能导致的风险后果	细分风险种类	风险范畴（6 类）	现有的控制措施
81	架线工程	附件安装	恶劣的天气	环境危害	工作时遇到雷雨天气，没有停止作业，导致作业人员被雷击	造成 1 人死亡	触电	人身安全	密切留意恶劣天气预报，遇到黄色以上预警天气，作业人员停止高处作业，马上下塔
82	架线工程	间隔棒安装	转移时失去保护	行为危害	在子导线上作业时，作为人员跨过间隔棒或经过绝缘子串转移工作位置时，由于没有采取双保险，发生高空坠落	造成 1 人死亡	坠落	人身安全	人员跨过间隔棒或经过绝缘子串转移工作位置时，采用双保险，保持不失去保护状态
83	架线工程	跳线安装	无保险装置的滑车	物理危害	跳线安装时，使用无保险装置的滑车，造成物件坠落	造成损失在 0.1～1 万元	设备破损	设备安全	工器具按期进行维护，保养，使用前进行检查，确认完好后方可使用
84	架线工程	封航作业	有船通过线行下方	行为危害	导致船只侧翻	造成损失在 0.1～1 万元	设备破损	设备安全	封航架线施工期间，邀请海事部门对线行两端设立警戒线，禁止船只通过
85	架线工程	封航作业	有船通过线行下方	行为危害	有船通过导致导线断裂	造成 1 人死亡	触电	人身安全	封航架线施工期间，邀请海事部门对线行两端设立警戒线，禁止船只通过
86	架线工程	跨水道作业	导线落入水中	物理危害	导线落入水中缆上不明物体，无法提起	造成损失在 0.1～1 万元	设备破损	设备安全	跨江作业中，安排人员监护，防止导线落入水中

附录 A　中华人民共和国水上水下活动通航安全管理规定

第一条　为了维护水上交通秩序,保障船舶航行、停泊和作业安全,保护水域环境,依据《中华人民共和国海上交通安全法》《中华人民共和国内河交通安全管理条例》等法律、行政法规,制定本规定。

第二条　公民、法人或者其他组织在中华人民共和国管辖水域从事可能影响通航安全的水上水下作业或者活动(以下简称水上水下活动),适用本规定。

第三条　水上水下活动通航安全管理应当遵循安全第一、预防为主、方便群众、依法管理的原则。

第四条　交通运输部主管全国水上水下活动通航安全管理工作。

国家海事管理机构负责全国水上水下活动通航安全监督管理工作。

其他各级海事管理机构依照各自的职责权限,负责本辖区水上水下活动通航安全监督管理工作。

第五条　在内河通航水域或者岸线上进行下列水上水下活动,应当经海事管理机构批准:

(一)勘探,港外采掘、爆破;

(二)构筑、设置、维修、拆除水上水下构筑物或者设施;

(三)架设桥梁、索道;

(四)铺设、检修、拆除水上水下电缆或者管道;

(五)设置系船浮筒、浮趸、缆桩等设施;

(六)航道建设施工、码头前沿水域疏浚;

(七)举行大型群众性活动、体育比赛;

(八)打捞沉船、沉物。

在管辖海域进行调查、勘探、开采、测量、建筑、疏浚(航道养护疏浚除外)、爆破、打捞沉船沉物、拖带、捕捞、养殖、科学试验和其他水上水下施工,应当经海事管理机构批准。

前款所称建筑,包括构筑、设置、维修、拆除水上水下构筑物或者设施,架设桥梁、索道,铺设、检修、拆除水上水下电缆或者管道,设置系船浮筒、浮趸、缆桩等设施,航道建设。

第六条　从事需经批准的水上水下活动的建设单位、主办单位或者施工单位,应当具备《中华人民共和国海事行政许可条件规定》规定的相应条件,向活动地的海事管理机构提出申请并报送相应的材料。在取得海事管理机构颁发的《中华人民共和国水上水下活动许可证》(以下简称许可证)后,方可进行相应的水上水下活动。

在港口进行可能危及港口安全的采掘、爆破等活动,建设单位、施工单位应当报经港口行政管理部门批准。港口行政管理部门应当将审批情况及时通报海事管理机构。

第七条　水上水下活动水域涉及两个以上海事管理机构的,许可证的申请应当向其共同的上一级海事管理机构或者共同的上一级海事管理机构指定的海事管理机构提出。

第八条　从事水上水下活动需要设置安全作业区的,由海事管理机构予以公告。

无关船舶、设施不得进入安全作业区。

第九条　许可证应当注明允许从事水上水下活动的单位名称、船名、时间、水域、活动内容、有效期等事项。

第十条　许可证的有效期由海事管理机构根据活动的期限及水域环境的特点确定。许可证有效期届满不能结束水上水下活动的,建设单位、主办单位或者施工单位应当于许可证有效期届满15日前向海事管理机构申请办理延期手续,由海事管理机构在原许可证上签注延期期限后方能继续从事相应活动。许可证有效期最长不得超过3年。

第十一条　许可证上注明的船舶在水上水下活动期间发生变更的,建设单位、主办单位或者施工单位应当及时向作出许可决定的海事管理机构申请办理变更手续。在变更手续未办妥前,变更的船舶不得从事相应的水上水下活动。

许可证上注明的从事水上水下活动的单位、活动内容、水域发生变更的,建设单位、主办单位或者施工单位应当重新申请许可证。

第十二条　有下列情形之一的,建设单位、主办单位或者施工单位应当及时向原发证的海事管理机构报告,并办理许可证注销手续:

(一)水上水下活动中止的;

(二)3个月以上不开工的;

(三)提前完工的;

(四)因许可事项变更而重新办理了新的许可证的;

(五)因不可抗力导致批准的水上水下活动无法实施的。

第十三条　从事维护性疏浚、清障等影响通航的航道养护活动,或者确需限制通航的养护作业,应当提前向海事管理机构书面通报。

在内河通航水域进行气象观测、测量、地质调查、大面积清除水面垃圾和可能影响内河通航水域交通安全的其他活动的,应当在活动前将活动方案报海事管理机构备案。

第十四条　从事按规定需要发布航行警告、航行通告的水上水下活动,应当在活动开始前办妥相关手续。

第十五条　涉水工程建设单位、业主单位应当加强安全生产管理,落实安全生产主体责任。根据国家有关法律、法规及规章要求,明确本单位和施工单位、经营管理单位安全责任人。督促施工单位加强施工作业期间安全管理,落实水上交通安全的各项要求。

第十六条　涉水工程建设单位应当在工程招投标前明确参与施工作业的船舶、浮动设施应当具备的安全标准和条件,在工程招投标后督促施工单位落实施工过程中各项安全保障措施,将施工作业船舶、浮动设施及人员和为施工作业或者活动服务的船舶及其人员纳入水上交通安全管理体系,并与其签订安全生产管理协议。

第十七条　涉水工程建设单位、业主单位应当确保水上交通安全设施与主体工程同时设计、同时施工、同时投入生产和使用。

第十八条　涉水工程施工单位应当落实安全生产法律法规要求,完善安全生产条件,制定施工通航安全保障方案,保障施工作业及其周边水域交通安全。

施工通航安全保障方案应当包含涉水工程对通航环境、水上交通秩序的影响分析、存在的问题及通航安全保障措施等。

第十九条　对通航安全可能构成重大影响的水上水下活动,海事管理机构应当在许可前组织专家对施工通航安全保障方案进行技术评审。

第二十条　施工单位和作业人员在水上水下活动过程中应当遵守以下规定:

(一)按照海事管理机构批准的作业内容、核定的水域范围和使用核准的船舶进行作业,不得妨碍其他船舶的正常航行;

(二)及时向海事管理机构通报施工进度及计划,并保持工程水域良好的通航环境;

(三)使船舶、浮动设施保持在适于安全航行、停泊或者从事有关活动的状态;

(四)实施施工作业或者活动的船舶、设施应当按照有关规定在明显处昼夜显示规定的号灯号型。在现场作业船舶或者警戒船上配备有效的通信设备,施工作业或者活动期间指派专人警戒,并在指定的频道上守听。

第二十一条　水上水下活动经海事管理机构公告安全作业区的,建设单位、主办单位或者施工单位应当设置相关的安全警示标志和配备必要的安全设施或者警戒船,切实落实通航安全防范措施。

建设单位、主办单位或者施工单位不得擅自改变安全作业区的范围。需要改变的,应当由海事管理机构重新公告。

第二十二条　建设单位、主办单位或者施工单位应当及时清除水上水下活动过程中产生的碍航物,不得遗留任何有碍航行和作业安全的隐患。在碍航物未清除前,必须设置规定的标志、显示信号,并将碍航物的名称、形状、尺寸、位置和深度准确地报告海事管理机构。

第二十三条　建设单位、业主单位应当在工程涉及通航安全的部分完工后或者工程竣工后,将工程有关通航安全的技术参数报海事管理机构备案。

第二十四条　海事管理机构应当建立涉水工程施工作业或者活动现场监督检查制度,依法检查建设单位、主办单位和施工单位所属船舶、设施、人员水上通航安全作业条件、采取的通航安全保障措施落实情况。有关单位和人员应当予以配合。

第二十五条　有下列情形之一的,海事管理机构应当责令建设单位、施工单位立即停止施工作业,并采取安全防范措施:

(一)因恶劣自然条件严重影响施工作业及通航安全的;

(二)施工作业水域内发生水上交通事故,危及周围人命、财产安全的。

第二十六条　有下列情形之一的,海事管理机构应当责令改正;拒不改正的,应当责令其停止作业:

(一)建设单位或者业主单位未落实安全生产主体责任的;

(二)未按照规定设置安全警示标志、配备必要的安全设施或者警戒船的;

（三）未经批准擅自更换或者增加施工作业船舶的；

（四）未按照规定采取通航安全保障措施进行水上水下活动的；

（五）雇佣不符合安全标准的船舶和设施进行水上水下活动的。

第二十七条　违反本规定，隐瞒有关情况或者提供虚假材料，以欺骗或者其他不正当手段取得许可证的，由海事管理机构撤销其水上水下活动许可，收回其许可证，并处5000元以上3万元以下的罚款。

第二十八条　有下列情形之一的，海事管理机构应当责令施工单位、施工作业的船舶和设施立即停止施工作业，责令限期改正，并处5000元以上3万元以下的罚款。属于内河通航水域或者岸线水上水下活动的，处5000元以上5万元以下的罚款：

（一）未经许可擅自进行水上水下活动的；

（二）使用涂改或者非法受让的许可证进行水上水下活动的；

（三）未按照本规定报备水上水下活动的；

（四）擅自扩大活动水域范围的。

第二十九条　有下列情形之一的，海事管理机构应当责令改正，并可以处2000元以下的罚款；拒不改正的，海事管理机构应当责令施工单位、施工作业的船舶和设施停止作业：

（一）未按有关规定申请发布航行警告、航行通告即行实施水上水下活动的；

（二）水上水下活动与航行警告、航行通告中公告的内容不符的。

第三十条　未按照本规定取得许可证，擅自构筑、设置的水上水下构筑物或设施，船舶不得进行靠泊作业。影响通航环境的，应当责令构筑、设置者限期搬迁或者拆除，搬迁或者拆除的有关费用由构筑、设置者承担。

第三十一条　违反本规定，建设单位、主办单位或者施工单位未对有碍航行和作业安全的隐患采取设置标志、显示信号等措施的，海事管理机构应当责令改正，并处5000元以上3万元以下的罚款。属于内河通航水域或者岸线水上水下活动的，处5000元以上5万元以下的罚款。

第三十二条　海事管理机构工作人员不按法定的条件进行海事行政许可或者不依法履行职责进行监督检查，有滥用职权、徇私舞弊、玩忽职守等行为的，由其所在机构或上级机构依法处理；构成犯罪的，由司法机关依法追究刑事责任。

第三十三条　在军港、渔港内从事相关水上水下活动，按照国家有关规定执行。

第三十四条　本规定自2019年5月1日起施行。2011年1月27日以交通运输部令2011年第5号公布的《中华人民共和国水上水下活动通航安全管理规定》、2016年9月2日以交通运输部令2016年第69号公布的《交通运输部关于修改〈中华人民共和国水上水下活动通航安全管理规定〉的决定》同时废止。

附录 B 涉水工程施工通航安全保障方案编制与技术评审管理办法

第一条 为规范涉水工程施工通航安全保障方案编制与技术评审管理工作,维护通航秩序,保障通航安全,根据《中华人民共和国水上水下活动通航安全管理规定》(交通运输部令2019年第2号),制定本办法。

第二条 本办法适用于涉水工程施工通航安全保障方案的编制、技术评审等。

大型群众性活动、体育比赛不适用本办法。

第三条 涉水工程施工单位应当制定施工通航安全保障方案,保障施工作业及其周边水域交通安全。

在内河通航水域或者岸线上、管辖海域进行占用航道、航路、锚地、渡运水域、桥区水域,或者需要调整航路、采取封航、单向通航、限制航行等水上交通管制措施的涉水工程,海事管理机构应当组织专家对施工通航安全保障方案进行技术评审。

第四条 施工通航安全保障方案由施工单位自行编制,海事管理机构不得指定施工通航安全保障方案编制单位。

第五条 施工通航安全保障方案应当包括:

(一)项目概况,包括项目批复情况、名称、地点、规模、建设单位、业主单位、施工单位等;

(二)施工内容,包括与通航(水上交通安全)有关的施工水域、工艺、进度,施工作业船舶、设施及其航线、停泊地点,施工作业人员配备,施工材料的水上运输方式等;

(三)通航环境,包括水域环境、水文气象等自然环境、港口环境、航道条件、船舶交通流特征、事故特点以及其他与水上交通安全有关的交通条件等;

(四)通航安全影响及风险分析,包括施工作业通航安全保障中存在的问题及相关碍航性分析、安全作业条件分析、划定的施工水域范围合理性分析、水上交通秩序影响分析等;

(五)通航安全保障措施,包括安全管理制度,不同施工阶段的施工水域划定、交通组织、通信联络方式、航道航路调整、安全警示标志设置、必要的安全措施或者警戒船配备等方面的要求;

(六)应急预案,包括针对施工中可能发生的突发性事件的应急组织机构、设备配备、响应措施等;

(七)附图,包括工程水域航道示意图、施工水域占用示意图、施工水域周边设施关系图、航道布置及航标配布图等。

(八)有关专家关于施工通航安全保障方案的论证意见。

第六条 编制施工通航安全保障方案,应当通过现场踏勘、调研等方式充分了解通航环境,并征求利益相关方的意见。征求意见情况应记录在施工通航安全保障方案中。

施工通航安全保障方案应当资料齐全、分析全面、技术可行、提出的措施具有针对性和可操作性。

施工单位应当对资料的真实性、合法性,以及施工通航安全保障方案的内容与结论负责。

第七条 施工通航安全保障方案应当在申请水上水下活动许可时提交,海事管理机构需组织专家对施工通航安全保障方案进行技术评审的,应书面告知施工单位。

第八条 施工通航安全保障方案技术评审的主要依据包括:

(一)通航安全技术规范、标准;

(二)船舶控制理论、技术和航海习惯做法(经验);

(三)水上交通安全管理理论、技术;

(四)水上交通安全管理法律、法规及相关规定;

(五)有关部门的批复性文件、相关专题研究结论或意见等;

(六)设计方案、施工内容及有关技术图纸、资料。

第九条 技术评审应当判断通航安全风险分析是否客观、全面,通航安全保障措施是否合理、有效,应急预案是否具有针对性、可操作性。

第十条 海事管理机构应采取评审会方式组织专家进行技术评审,必要时,可进一步通过函询等方式听取专家意见。

第十一条 技术评审专家一般不少于 3 人,且总数为单数。专家人选要充分考虑拟评审的施工通航安全保障方案所涉及的项目类别、规模、复杂程度及其对通航安全的影响程度等因素,专业涵盖要全面,且不得与水上水下活动有利益关系,以确保技术评审的科学性与公正性。专家参加技术评审的,应当填写专家意见表,并签字确认。

第十二条 技术评审专家应当具有航海技术、海事管理、港口与航道工程、船舶工程、海洋工程专业背景,且符合下列条件:

(一)具有良好的敬业精神和职业道德,能够认真、公正、诚实、廉洁地履行职责;

(二)熟悉本行业国内外发展动态,有关法律法规、国家政策及技术标准规范,有较高的理论水平和较为丰富的实践工作经验;

(三)具有高级专业技术职称、船长资格证书、引航员证书或者从事与通航相关工作 10 年以上。

第十三条 技术评审应当在收到施工通航安全保障方案后 15 个工作日内完成,所需时间不计算在水上水下活动许可审批规定的期限内。

第十四条 专家组评审意见以及专家意见表应当按照有关规定与水上水下活动许可申请材料一并归档。

第十五条 海事机构组织的技术评审,费用由海事管理机构按照国家有关规定纳入预算管理。

第十六条 本办法自 2019 年 5 月 1 日起施行。《关于印发〈中华人民共和国海事局水上水下活动通航安全影响论证与评估管理办法〉等文件的通知》(海通航〔2011〕262 号)同时废止。

附录 C 电力安全工作规程 电力线路部分（GB 26859—2011）

1. 范围

本标准规定了电力生产单位和在电力生产场所工作人员的基本电器安全要求。

本标准适用于具有 66 kV 及以上电压等级设施的发电企业所有运用中的电气设备及其相关场所;具有 35 kV 及以上电压等级设施的输电、变电和配电企业所有运用中的电气设备及其相关场所,具有 220 kV 及以上电压等级设施的用电单位运用中的电气设备及其相关场所,其他电力企业和用电单位也可参考使用。

2. 规范性引用文件

3. 术语和定义

GB/T 2900.20—1994、GB/T 2900.50—2008 界定的及以下术语和定义适用于本文件。

3.1 低【电】压

用于配电的交流电力系统中 1000 V 及其以下的电压等级。

3.2 高【电】压

(1)通常指超过低压的电压等级。

(2)特定情况下,指电力系统中输电的电压等级。

3.3 发电厂【站】

由建筑物、能量转换设备和全部必要的辅助设备组成的生产电能的工厂。

3.4 变电站(电力系统的)

电力系统的一部分,它集中在一个指定的地方,主要包括输电或配电线路的终端、开关及控制设备、建筑物和变压器。通常包括电力系统安全和控制所需的设备。

3.5 电力线路

在系统两点间用于输配电的导线、绝缘材料和附件组成的设施。

3.6 运用中的电气设备

全部带有电压、一部分带有电压或一经操作即带有电压的电气设备。

3.7 开关站

有开关设备,通常还包括母线,但没有电力变压器的变电站。

3.8　断路器

能关合、承载、开断运行回路正常电流,也能在规定时间内关合、承载及开断规定的过载电流(包括短路电流)的开关设备,也称开关。

3.9　隔离开关

在分位置时,触头间有符合规定要求的绝缘距离和明显的断开标志;在合位置时,能承载正常回路条件下的电流及在规定时间内异常条件(例如短路)下的电流的开关设备。

3.10　个人保安线

用于保护工作人员防止感应电伤害的接地线。

3.11　双重称号

线路名称和位置称号,位置称号指同杆架设多回路中导线安装位置,如:上线、中线或下线和面向线路杆塔号增加方向的左线或右线。

3.12　配电设备

用于向一个用电区的变压器、高低压开关、线路、控制盒计量等设备的统称。

4. 作业要求

4.1　工作人员

4.1.1　经医师鉴定,无妨碍工作的病症(体格检查至少每两年一次)。

4.1.2　具备必要的安全生产知识和技能,从事电气作业的人员应掌握触电急救等救护法。

4.1.3　具备必要的电气知识和业务技能,熟悉电气设备及其系统。

4.2　作业现场

4.2.1　作业现场的生产条件、安全设施、作业机具和安全工器具等应符合国家或行业标准规定的要求,安全工器具和劳动防护用品在使用前应确认合格、齐备。

4.2.2　经常有人工作的场所及施工车辆上宜配备急救箱,存放急救用品,并指定专人检查、补充或更换。

4.3　作业措施

4.3.1　在电力线路及配电设备上工作应有保证安全的制度措施,可包含工作申请、工作布置、现场勘察、书面安全要求、工作许可、工作监护,及工作间断和终结等工作程序。

4.3.2　在线路及配电设备上进行全部停电或部分停电工作时,应向设备运行维护单位提出停电申请,由调度机构管辖的需事先向调度机构提出停电申请,同意后方可安排检修工作。

4.3.3　在检修工作前应进行工作布置,明确工作地点、工作任务、工作负责人、作业环境、工作方案和书面安全要求,以及工作班成员的任务分工。

4.4　其他要求

4.4.1　工作人员应被告知其作业现场存在的危险因素和防范措施。

4.4.2 在发现直接危及人身安全的紧急情况时,现场负责人有权停止作业并组织人员撤离作业现场。

4.4.3 野外作业时,应根据野外工作特点做好工作准备,对工作环境的危险点进行排查,并做好防范措施。

4.4.4 配电系统中的开关站、高压配电站内工作可参照 GB 26860—2011《电力安全工作规程 发电厂和变电站电气部分》的有关规定执行。

5. 安全组织措施

5.1 一般要求

5.1.1 安全组织措施作为保证安全的制度措施之一,包括工作票、工作的许可、监护、间断和终结等。工作票签发人、工作负责人(监护人)、工作许可人、专责监护人和工作班成员在整个作业流程中应履行各自的安全职责。

5.1.2 工作票是准许在线路及配电设备上工作的书面安全要求之一,可包括编号、工作地点、工作内容、计划工作时间、工作许可时间、工作终结时间、停电范围和安全措施,以及工作票签发人、工作许可人、工作负责人和工作班成员等内容。

5.1.3 除需填用工作票的工作外,其他可采用口头或电话命令方式。

5.2 现场勘察

5.2.1 工作票签发人或工作负责人认为,现场勘查的线路作业,作业单位应根据工作任务组织现场勘察。

5.2.2 现场勘察应查看现场检修(施工)作业范围内设施情况,现场作业条件、环境,应停电的设备、保留或邻近的带电部位等。

5.2.3 根据现场勘察结果,对危险性、复杂性和困难程度较大的作业项目应制定组织措施、技术措施和安全措施。

5.3 工作票种类

5.3.1 需要线路或配电设备全部停电或部分停电的工作,填用电力线路第一种工作票。

5.3.2 带电线路杆塔上与带电导线符合表 1 最小安全距离规定的工作以及运行中的配电设备上的工作,填用电力线路第二种工作票。

表 1 在带电线路钢塔上工作与带电导线最小安全距离

电压等级/kV	安全距离/m
10 及以下	0.7
20,35	1.0
66,110	1.5
220	3.0
330	4.0

表 1(续)

电压等级/kV	安全距离/m
500	5.0
750	8.0
1000	9.5
±50	1.5
±500	6.8
±660	9.0
±800	10.1

注 1:表中未列电压等级按高一挡电压等级安全距离。

注 2:750 kV 数据是按海拔 2000 m 校正的,其他等级数据是按海拔 1000 m 校正的。

5.3.3 带电作业或与带电设备距离小于表 1 规定的安全距离但按带电作业方式开展的不停电工作,填用带电作业工作票。

5.3.4 事故紧急抢修工作使用紧急抢修单或工作票。非连续进行的事故修复工作应使用工作票。

5.4 工作票的填用

5.4.1 工作票应使用统一的票面格式。

5.4.2 一条线路、同一个电气连接部位的几条线路或同杆架设且同时停送电的几条线路上的工作,可填用一张电力线路第一种工作票。

5.4.3 同一电压等级、同类型的数条线路上的不停电工作,可填用一张电力线路第二种工作票。

5.4.4 同一电压等级、同类型采取相同安全措施的数条线路上依次进行的带电作业,可填用一张电力线路带电作业工作票。

5.4.5 工作票由设备运行维护单位签发或由经设备运行维护单位审核合格并经批准的其他单位签发。承发包工程中,工作票可实行双方签发形式。

5.4.6 工作票一份交工作负责人。另一份交工作票签发人或工作许可人。

5.4.7 一个工作负责人不应同时执行两张及以上工作票。

5.4.8 持线路工作票进入变电站进行架空线路、电缆等工作,应得到变电站工作许可人许可后方可开始工作。

5.4.9 变更工作班成员或工作负责人时,应履行变更手续。

5.4.10 电力线路第一种工作票、电力线路第二种工作票和电力线路和带电作业工作票的有效时间,以批准的检修计划工作时间为限,延期应办理手续。

5.5 工作票所列人员的安全责任

5.5.1 工作票签发人:

a) 确认工作必要性和安全性;

b) 确认工作票上所填安全措施正确、完备;

c) 确认所派工作负责人和工作班人员适当、充足。

5.5.2 工作负责人(监护人):

a) 正确、安全地组织工作;

b) 确认工作票所列安全措施正确、完备,符合现场实际条件,必要时予以补充;

c) 工作前向工作班全体成员告知危险点,督促、监护工作班成员执行现场安全措施和技术措施。

5.5.3 工作许可人:

a) 确认工作票所列安全措施正确完备,符合现场条件;

b) 确认线路停、送电和许可工作的命令正确;

c) 确认许可的接地等安全措施正确完备。

5.5.4 专责监护人:

a) 明确被监护人员和监护范围;

b) 工作前对被监护人员交代安全措施,告知危险点和安全注意事项;

c) 监督被监护人员执行本标准和现场安全措施,及时纠正不安全行为。

5.5.5 工作班成员:

a) 熟悉工作内容、工作流程,掌握安全措施,明确工作中的危险点,并履行确认手续;

b) 遵守安全规章制度、技术规程和劳动纪律,执行安全规程和实施现场安全措施;

c) 正确使用安全工器具和劳动防护用品。

5.6 工作许可

5.6.1 填用电力线路第一种工作票的工作,工作负责人应在得到全部工作许可人的许可后,方可开始工作。

5.6.2 填用电力线路第二种工作票时,不必履行工作许可手续。

5.6.3 带电作业工作负责人在带电作业工作开始前,应与设备运行维护单位或值班调度员联系并履行有关许可手续。带电作业结束后应及时汇报。

5.6.4 许可工作可采用下列命令方式:

a) 电话下达;

b) 当面下达;

c) 派人送达。

5.6.5 工作许可人应在线路可能受电的各方面都拉闸停电、装设好接地线后,方可发出线路停电检修的许可工作命令。

5.6.6 不应约时停、送电。

5.7 工作监护

5.7.1 工作许可后,工作负责人、专责监护人应向工作班成员交代工作内容和现场安全措施。装设好现场接地线,工作班成员履行确认手续后方可开始工作。

5.7.2 工作负责人、专责监护人应始终在工作现场,对工作班成员进行监护。线路停电工作后,工作负责人在工作班成员确无触电危险的情况下,可以一起参加工作。

5.7.3 工作票签发人或工作负责人,应根据现场的安全条件、施工范围、工作需要等具体情况,增设专责监护人和确定被监护的人员。

5.8 工作间断

5.8.1 在工作中遇恶劣气象条件或其他威胁到工作人员安全的情况时,工作负责人或专责监护人可下令临时停止工作。

5.8.2 工作间断时,工作地点的全部接地线可保留不变。若工作班需暂时离开工作地点,应采取安全措施。恢复工作前,应检查接地线等各项安全措施的完整性。

5.8.3 填用数日内有效的电力线路第一种工作票,每日收工时若将工作地点所装设的接地线拆除,次日恢复工作前应重新验电、接地。

5.9 工作终结和恢复送电

5.9.1 完工后,工作负责人应检查线路检修地段的状况,确认杆塔、导线、绝缘子串及其他辅助设备上没有遗留的个人保安线、工具、材料等,确认全部工作人员已从杆塔上撤下后,再下令拆除工作地点地段所装设的接地线。接地线拆除后,不应再登杆工作。

5.9.2 工作终结后,工作负责人应及时报告工作许可人,报告方式如下:

a)当面报告;

b)电话报告。

5.9.3 工作终结的报告内容应包括工作负责人姓名、完工的线路名称和区段、设备改动情况,并说明工作地点所装设的接地线和个人保安线已全部拆除,线路上已无本班组工作人员和遗留物,可以送电。

5.9.4 工作许可人在接到所有工作负责人的工作终结报告,并确认全部工作已完毕,所有工作人员已从线路上撤离,接地线已全部拆除,核对无误后,方可下令拆除各侧安全措施,恢复送电。

6. 安全技术措施

6.1 一般要求

6.1.1 在线路和配电设备上工作,应有停电、验电、装设接地线及个人保安线、悬挂标示牌和装设遮拦等保证安全的技术措施。

6.1.2 工作中所使用的绝缘安全工器具应满足附录E的要求。

6.2 停电

6.2.1 线路停电工作前,应采取下列措施:

a) 断开发电厂、变电站的线路断路器和隔离开关;

b) 断开工作线路上各端断路器、隔离开关和熔断器;

c) 断开危及线路停电作业,且不能采取措施的交叉跨越、平行和同杆塔线路的断路器、隔离开关和熔断器;

d) 断开可能反送电的低压断路器、刀闸和熔断器。

6.2.2 停电设备的各端应有明显的断开点,或应有能反映设备运行状态的电气和机械等指示,不应在只经断路器断开电源的设备上工作。

6.2.3 对停电设备的操作机构或部件,应采取下列措施:

a) 可直接在地面操作和断路器、隔离开关应在操作机构应加锁;

b) 不能直接在地面操作的断路器、隔离开关应在操作部位悬挂标示牌;

c) 跌落式熔断器熔管应摘下或在操作部位悬挂标示牌。

6.3 验电

6.3.1 在线路上装设接地线前,应在接地部位验明线路确无电压。

6.3.2 直接验电时应使用相应电压等级的验电器在设备的接地处逐相验电。验电前,验电器应在有电设备上确证验电器良好。高压直流线路和330 kV及以上的交流线路,可使用带金属部分的绝缘棒或专用的绝缘绳逐渐接触导线,根据有无放电声和火花的验电方法,判断线路是否有电,验电时应戴绝缘手套。

6.3.3 在恶劣气象条件时,对户外配电设备及其他无法直接验电的设备,可采用间接验电。

6.3.4 对同杆塔架设的多层、同一横担多回线路验电时,应先验低压、后验高压,先验下层、后验上层,先验近侧、后验远侧。

6.3.5 线路中联络用的断路器、隔离开关或其组合进行检修时,应在其两侧分别验电。

6.3.6 验电时人体与被验电设备的距离应符合表1的安全距离要求。

6.4 装设接地线、个人保安线

6.4.1 装设接地线不宜单人进行。

6.4.2 人体不应碰触未接地的导线。

6.4.3 线路经验明确无电压后,应立即装设接地线并三相短路。电缆接地前应逐相充分放电。

6.4.4 装、拆接地线导体端应使用绝缘棒或专用的绝缘绳,人体不应碰触接地线。

6.4.5 不应用缠绕的方法进行接地或短路。

6.4.6 成套接地线应由有透明护套的多股软铜线和专用线夹组成。接地线截面不应小于25 mm²,并应满足装设地点短路电流的要求。

6.4.7 装设接地线、个人保安线时,应先装设接地端,后装导线端。拆除接地线的顺序与此相反。

6.4.8 接地线或个人保安线应接触良好、连接可靠。

6.4.9 在杆塔或横担接地良好的条件下装设接地线时,接地线可单独或合并后接到杆塔上。

6.4.10 无接地引下线的杆塔装设接地线时,可采用临时接地体。临时接地体的截面积不应小于190 mm²。临时接地体埋深不应小于0.6 m。土壤电阻率较高的地方应采取措施改善接地电阻。

6.4.11 线路停电作业装设接地线应遵守下列规定:

a) 工作地段各端以及可能送电到检修线路工作地段的分支线都应装设接地线;

b) 直流接地极线路,作业点两端应装设接地线。

c) 配合停电的线路可只在工作地点附近装设一处接地线。

6.4.12 工作中,需要断开耐张杆塔引线或拉开断路器、隔离开关时,应先在其两侧装设接地线。

6.4.13 同杆塔架设的多回线路上装设接地线时,应先装低压、后装高压,先装下层、后装上层,先装近侧、后装远侧。拆除时次序相反。

6.4.14 在同杆塔多回部分线路停电作业装设接地线时,应采取防止接地线摆动的措施,并满足安全距离的要求。

6.4.15 工作地段有临近、平行、交叉跨越及同杆塔线路,需要接触或接近停电线路的导线工作时,应装设接地线或使用个人保安线。

6.4.16 个人保安线应在接触或接近导线前装设,作业结束,人体脱离导线后拆除。

6.4.17 个人保安线应使用有透明护套的多股软铜线,截面积不应小于 16 mm²,并有绝缘手柄或绝缘部件。不应用个人保安线代替接地线。

6.5 悬挂标示牌和装设遮拦

6.5.1 在一经合闸即可送电到工作地点的断路器、隔离开关及跌落式熔断器的操作处,均应悬挂"禁止合闸,线路有人工作!"或"禁止合闸,有人工作!"的标示牌。

6.5.2 配电设备部分停电的工作,工作人员与未停电设备安全距离不符合表2规定时应装设临时遮拦。其与带电部分的距离应符合表3的规定。临时遮拦应装设牢固,并悬挂"止步,高压危险!"的标示牌。35 kV 及以下设备可用与带电部分直接接触的绝缘隔板代替临时遮拦。

表2 配电设备不停电时的安全距离

电压等级/kV	安全距离/m
10 及以下	0.70
20,35	1.00

注:表中未列电压应选用高一电压等级的安全距离。

表3 人员工作中与配电设备带电部分的安全距离

电压等级/kV	安全距离/m
10 及以下	0.35
20,35	0.60

6.5.3 在城区、人口密集区、通行道路上或交通道口施工时,工作场所周围应装设遮拦,并在相应部位装设交通警示牌。

6.5.4 标示牌式样见附录 F。

7. 线路运行与维护

7.1 一般要求

线路运行与维护包含线路巡视、线路停复役操作、杆塔及配电设备维护和测量、砍剪树木等。作业时应注意自我保护,保持安全距离。

7.2 线路巡视

7.2.1 单人巡线时,不应攀登杆塔。

7.2.2 恶劣气象条件下巡线和事故巡线时,应依据实际情况配备必要的防护用具、自救器具和药品。

7.2.3 夜间巡线应沿线路外侧进行。

7.2.4 大风时,巡线宜沿线路上风侧进行。

7.2.5 事故巡线应始终认为线路带电。

7.3 电气操作

7.3.1 操作发令

7.3.1.1 发令人发布指令应准确、清晰,使用规范的操作术语和设备名称。

7.3.1.2 受令人接令后,应复诵无误后执行。

7.3.2 操作方式

7.3.2.1 电气操作有就地操作和遥控操作两种方式。

7.3.2.2 正式操作前可进行模拟预演,确保操作步骤正确。

7.3.3 操作分类

7.3.3.1 监护操作,是指有人监护的操作。

7.3.3.2 单人操作,是指一人进行的操作。

7.3.4 操作票填写

7.3.4.1 操作票是线路和配电设备操作前,填写操作内容和顺序的规范化票式。可包含编号、操作任务、操作顺序、操作时间,以及操作人或监护人签名等。

7.3.4.2 操作票由操作人员填用,每张票填写一个操作任务。

7.3.4.3 操作前应根据模拟图或连接图核对所填写的操作项目,并经审核签名。

7.3.4.4 事故紧急处理,拉合断路器的单一操作时,可不填用操作票。

7.3.4.5 操作票见附录 G。

7.3.5 操作的基本条件

7.3.5.1 具有与实际运行方式相符的一次系统模拟图或接线图。

7.3.5.2 操作设备应具有明显的标志,包括命名、编号、设备相色等。

7.3.5.3 高压配电设备应具有防止误操作的闭锁功能,必要时加挂机械锁。

7.3.6 操作的基本要求

7.3.6.1 停电操作应按照"断路器—负荷侧隔离开关—电源侧隔离开关"的顺序依次进行,送电合闸操作按相反的顺序进行。不应带负荷拉合隔离开关。

7.3.6.2 应按操作任务的顺序逐项操作。

7.3.6.3 雷电天气时,不宜进行电气操作,不应就地电气操作。

7.3.6.4 操作机械传动的断路器或隔离开关时,应戴绝缘手套。没有机械传动的断路器,隔离开关和跌落式熔断器,应使用绝缘棒进行操作。

7.3.6.5 更换配电变压器跌落式熔断器熔丝,应先将低压刀闸和高压隔离开关或跌落式熔断器拉开。装卸跌落式熔断器熔管时,应使用绝缘棒。

7.3.6.6 雨天操作室外高压设备时,应使用有防雨罩的绝缘棒,并穿绝缘靴,戴绝缘手套。

7.3.6.7 装卸高压熔断器,应戴护目眼镜和绝缘手套,必要时使用绝缘夹钳,并站在绝缘物或绝缘台上。

7.3.6.8 高压开关柜手车开关拉至"检修"位置后,应确认隔离挡板已封闭。

7.3.6.9 操作后应检查各相的实际位置,无法观察实际位置时,可通过间接方式确认该设备已操作到位。

7.3.6.10 发生人身触电时,应立即断开有关设备的电源。

7.4 测量

7.4.1 测量杆塔、配电变压器和避雷器的接地电阻,可在线路和设备带电的情况下进行。解开或恢复配电变压器和避雷器的接地引线时,应戴绝缘手套。不应直接接触与地位断开的接地引线。

7.4.2 用钳形电流表测量线路或配电变压器低压侧的电流时,不应触及其他带电部分。

7.4.3 测量设备绝缘电阻,应将被测量设备各侧断开,验明无电压,确认设备上无人,方可进行。在测量中不应让他人接近被测量设备。测量前后,应将被测设备对地放电。

7.4.4 测量线路绝缘电阻,若有感应电压,应将相关线路同时停电,取得许可,通知对侧后方可进行。

7.4.5 测量带电线路导线的垂直距离(导线驰度、交叉跨越距离),可用测量仪或使用绝缘测量工具。不应使用皮尺、普通绳索、线尺等非绝缘工具。

7.5 维护

7.5.1 砍剪靠近带电线路的树木时,人体、绳索应与线路保证表 4 的安全距离。

7.5.2 树枝接触或接近高压带电导线时,应将高压线路停电或用绝缘工具使树枝远离带电导线,之前人体不应解除树木。

7.5.3 需锚固杆塔维修线路时,应保持锚固拉线与带电导线的安全距离符合表 4 的规定。

表 4 邻近或交叉其他电力线工作的安全距离

电压等级/kV	安全距离/m	电压等级/kV	安全距离/m
10 及以下	1.0	750	9
20,35	2.5	1 000	10.5
60,110	3.0	±50	3.0
220	4.0	±500	7.8

表4(续)

电压等级/kV	安全距离/m	电压等级/kV	安全距离/m
330	5.0	±660	10.0
500	6.0	±800	11.1

注1:表中未列电压等级按高一挡电压等级安全距离。

注2:750 kV 数据是按海拔2000 m 校正的,其他等级数据是按海拔1000 m 校正的。

8.临近带电导线的工作

8.1　一般要求

8.1.1　临近带电导线的工作主要包含带电线路杆塔上的工作、临近或交叉其他线路的工作,以及同杆塔多回线路中部分线路停电的工作。

8.1.2　登杆作业时,应核对线路名称和杆号。

8.2　在带电线路杆塔上的工作

8.2.1　带电杆塔上进行测量、防腐、巡视检查、校紧螺栓、清除异物等工作,工作人员活动范围及其所携带的工具、材料等,与带电导线最小距离应符合表1的规定。

8.3　临近或交叉其他线路的工作

8.3.1　工作人员和工器具与邻近或交叉的运行线路应符合表4的安全距离。

8.3.2　在变电站、发电厂出入口处或线路中间某一段有两条以上相互靠近的平行或交叉线路时,应满足以下要求:

a)每基杆塔上都应有线路名称和杆号;

b)经核对检修线路的名称无误,验明线路确已停电并装设接地线,方可开始工作。

8.4　同杆塔多回线路中部分线路停电的工作

8.4.1　同杆塔多回线路中部分或直流线路中单级线路停电检修,应满足表1规定的安全距离。同杆塔架设的 10 kV 及以下线路带电时,当满足表4规定的安全距离且采取安全措施的情况下,只能进行下层线路的登杆塔检修工作。

8.4.2　风力大于5级时,不应在同杆塔多回线路中进行部分线路检修工作及直流单级线路检修工作。

8.4.3　防止误登同杆塔多回路带线线路或直流线路有电极,应采取以下措施:

a)每基杆塔应标设线路名称和识别标记(色标等);

b)工作前应发给工作人员相对应线路的识别标记;

c)经核对停电检修线路的识别标记和线路名称无误,验明线路确已停电并装设接地线后,方可开始工作;

d)登杆塔至横担处时,应再次核对识别标记与双重称号,确实无误后方可进入检修线路侧横担。

8.4.4　在杆塔上工作时,不应进入带电侧的横担,或在该侧横担上放置任何物件。

8.5 感应电压防护

8.5.1 在 330 kV、±500 kV 及以上电压等级的线路杆塔及变电站构架上作业,应采取防静电感应措施。

8.5.2 绝缘架空地线应视为带电体。在绝缘架空地线附近作业时,工作人员与绝缘架空地线之间的距离应不小于 0.4 m(1 000 kV 为 0.6 m)。若需在绝缘架空地线上作业,应用接地线或个人保安线将其可靠接地或采用等电位方式进行。

8.5.3 用绝缘绳索传递大件金属物品(包括工具、材料等)时。杆塔或地面上工作人员应将金属物品接地后再接触。

9. 线路作业

9.1 一般要求

9.1.1 在良好的天气下进行,遇有恶劣气象条件时,应停止工作。

9.1.2 垂直交叉作业时,应采取防止落物伤人的措施。

9.1.3 带电设备和线路附近使用的作业机具应接地。

9.1.4 任何人从事高处作业,进入有磕碰、高处落物等危险的生产场所,均应戴安全帽。

9.1.5 直升机作业应遵守国家航空安全要求,并制定完备的安全作业方案。

9.2 高处作业

9.2.1 高处作业应使用安全带,安全带应采用高挂低用的方式,不应系挂在移动或不牢固的物件上。转移作业位置时不应失去安全带保护。

9.2.2 高处作业应使用工具袋,较大的工具应予固定。上下传递物件应用绳索拴牢传递,不应上下抛掷。

9.2.3 在线路作业中使用梯子时,应采取防滑措施并设专人扶持。

9.3 坑洞开挖

9.3.1 挖坑前,应确认地下设施的确切位置,采取防护措施。

9.3.2 基坑内作业时,应防止物体回落坑内,并采取临边防护措施。

9.3.3 在土质松软处挖坑,应采取加挡板、撑木等纺织塌方的措施。不应由下部掏挖土层。

9.3.4 在可能存在有毒有害气体的场所挖坑时,应采取防毒措施。

9.3.5 居民区及交通道路附近开挖的基坑,应设坑盖或可靠遮栏,加挂警示牌,夜间可设置警示光源。

9.4 杆塔上作业

9.4.1 攀登前,应检查杆根、基础和拉线牢固,检查脚扣、安全带、脚钉、爬梯等登高工具、设施完整牢固。上横担工作前,应检查横担联结牢固,检查时安全带应系在主杆或牢固的构件上。

9.4.2 新立杆塔在杆基未完全牢固或做好拉线前,不应攀登。

9.4.3 不应利用绳索、拉线上下杆塔或顺杆下滑。

9.4.4 攀登有覆冰、积雪的杆塔时,应采取防滑措施。

9.4.5 在杆塔上移位及杆塔上作业时,不应失去安全保护。

9.4.6 在导线、地线上作业时,应采取防止坠落的后备保护措施,在相分裂导线上工作,安全带可挂在一根子导线上,后备保护绳应挂在整组相导线上。

9.5 杆塔施工

9.5.1 立、撤杆塔过程中基坑内不应有人工作。立杆及修整杆坑时,应采取防止杆身倾斜、滚动的措施。

9.5.2 顶杆及叉杆只能用于竖立 8 m 以下的拔稍杆。

9.5.3 使用起重机械立、撤杆时,起吊点和起重机械位置应选择适当。撤杆时,应检查无卡盘或障碍物后再试拔。

9.5.4 使用抱杆立、撤杆时,抱杆下部应固定牢固,顶部应设临时拉线控制,临时拉线应均匀调节。

9.5.5 整体立、撤杆塔前应检查各受力和联结部位全部合格方可起吊。立、撤杆塔过程中,吊件垂直下方,受力钢丝绳的内角侧不应有人。

9.5.6 在带电设备附近进行立撤杆时,杆塔、拉线、临时拉线与带电设备的安全距离应符合表 4 的规定,且有防止立、撤杆过程中拉线跳动和杆塔倾斜接近带电导线的措施。

9.5.7 临时拉线应在永久拉线全部安装完毕并承力后方可拆除。拆除检修杆塔受力构件时,应事先采取补强措施。杆塔上有人工作时,不应调整或拆除拉线。

9.6 防线、紧线与撤线

9.6.1 交叉跨越各种线路、铁路、公路、河流等放、撤线时,应采取搭设跨越、封航、封路等安全措施。

9.6.2 放线、紧线钱,应检查导线有无障碍物挂住,导线与牵引绳应可靠连接,线盘架应安放稳固,转动灵活、制动可靠。

9.6.3 紧线、撤线前,应检查拉线、桩锚及杆塔位置正确、牢固。

9.6.4 放线、紧线时,应检查接线管或接线头以及过滑轮、横担、树枝、房屋等处无卡压现象。

9.6.5 放线、紧线与撤线作业时,工作人员不应站或跨在以下位置:

a)已受力的牵引绳上;

b)导线的内角侧;

c)展放的导线;

d)钢丝绳圈内;

e)牵引绳或架空线的垂直下方。

9.6.6 不应采用突然剪断导(地)线的方法松线。

9.6.7 放线、撤线或紧线时,应采取措施防止导(地)线由于摆(跳)动或其他原因而与带电导线间的距离不符合表4的规定。

9.6.8　同杆塔架设的多回线路或交叉档内,下层线路带电时,上层线路不应进行放、撤导(地)线的工作。上层线路带电时,下层线路放、撤导(地)线应保持表4规定的安全距离,采取防止导(地)线产生跳动或过牵引而与带电导线接近至危险范围的措施。

9.7　起重与运输

9.7.1　在起吊、牵引过程中,受力钢丝绳的周围、上下方、内角侧,以及起吊物和吊臂的下面,不应有人逗留和通过。

9.7.2　采用单吊线装置更换绝缘子和移动导线时,应采取防止导线脱落的后备保护措施。

9.7.3　在电力设备附近进行起重作业时,起重机械臂架、吊具、辅具、钢丝绳及吊物等与架空输电线及其他带电体的最小安全距离应符合表5的规定。

表5　与架空输电线及其他带电体的最小安全距离

电压/kV	最小安全距离/m
<1	1.5
1～10	3.0
35～66	4.0
110	5.0
220	6.0
330	7.0
500	8.5

注:表中未列电压等级按高一挡电压等级安全距离。

9.7.4　装运电杆、变压器和线盘应用绳索绑扎牢固,水泥杆、线盘应塞牢,防止滚动或移动。装运超长、超高或重大物件时,物件重心应与车厢承重中心基本一致,超长物件尾部应设标志。

10.配电设备上的工作

10.1　一般要求

10.1.1　在高压配电室、箱式变电站、配电变压器台架上的停电工作,应先拉开低压侧刀闸,后拉开高压侧隔离开关或跌落式熔断器,再在停电的高、低压引线上验电、接地。

10.1.2　采用高压双电源供电和有自备电源的用电单位,高压接入点应设有明显断开点。采用低压双电源供电和有自备电源的用电单位,在电源切换点上应采用机械或电气连锁等措施。

10.1.3　环网柜、电缆分支箱等箱式配电设备宜设置验电和接地装置。

10.1.4　两台及以上配电变压器低压侧共用接地引下线时,其中一台停电检修时,其他配电变压器也应停电。

10.1.5 高压配电设备验电时,应戴绝缘手套。

10.1.6 配电设备中使用的电缆接头,不应带负荷插拔。普通型电缆接头不应带电插拔。

10.2 架空绝缘导线作业

10.2.1 架空绝缘导线不应视为绝缘设备,不应直接接触或接近。

10.2.2 应在架空绝缘导线的适当位置设立验电接地环或其他验电接地装置。

10.2.3 不应穿越未停电接地的绝缘导线进行工作。

10.2.4 在停电作业中,开断或接入绝缘导线前,应采取防感应电的措施。

10.3 装表接电

10.3.1 装表接电作业宜在停电下进行。带电装表接电时,应戴手套,防止机械伤害的电弧灼伤。

10.3.2 带电安装有互感器的计量装置时,应防止电磁式电流互感器二次开路和电磁式或电容式电压互感器二次短路。

10.3.3 配电箱、电表箱应可靠接地。工作人员在接触配电箱、电表箱前,应检查接地装置良好,并用验电笔确认箱体无电后,方可接触。

10.4 低压不停电作业

10.4.1 低压不停电作业时,工作人员应穿绝缘鞋,全棉长袖工作服,戴手套、安全帽和护目眼镜,站在干燥的绝缘物上进行。

10.4.2 低压不停电工作,应使用有绝缘柄的工具。

10.4.3 高低压线路同杆塔架设,在低压带电线路上工作时,应先检查与高压线的距离,采取防止误碰带电高压设备的措施。在低压带电导线未采取绝缘措施时,工作人员不应穿越。

10.4.4 在带电的低压配电装置上工作时,应采取防止相间短路和单相接地的绝缘隔离措施。

10.4.5 上杆前,应先分清相线、零线,选好工作位置。断开导线时,应先断开相线,后断开零线。搭接导线时,顺序应相反。人体不应同时接触两根线头。

11. 带电作业

11.1 一般要求

11.1.1 带电作业安全距离、安全防护措施等应按照国家和行业的相关标准、导则执行。

11.1.2 带电作业应在良好的天气下进行,如遇雷电(听见雷声、看见闪电)、雪、雹、雨、雾等,不应进行带电作业。风力大于5级,或湿度大于80%时,不宜进行带电作业。

11.1.3 带电作业应设专责监护人。复杂作业时,应增设监护人。

11.1.4 线路运行维护单位或工作负责人认为有必要时,应组织到现场勘察,根据勘察结果判断能否进行带电作业,并确定作业方法、所需工具,以及应采取的措施。

11.1.5　带电作业有下列情况之一者,应停用重合闸或直流再启动装置,并不应强送电:

a)中性点有效接地系统中可能引起单相接地的作业;

b)中性点非有效接地系统中可能引起相间短路的作业;

c)直流线路中可能引起单极接地或极间短路的作业;

d)不应约时停用或恢复重合闸及直流再启动装置。

11.1.6　在带电作业过程中如设备突然停电,应视设备仍然带电,工作负责人应及时与线路运行单位或调度联系。线路运行维护单位或值班调度员未与工作负责人取得联系前不应强送电。

11.2　一般安全技术措施

11.2.1　等电位作业一般在 66 kV、± 125 kV 及以上电压等级的线路和电气设备上进行。

11.2.2　等电位工作人员应穿着阻燃内衣,外面穿着全套屏蔽服,各部分连接良好。不应通过屏蔽服断、接空载线路或耦合电容器的电流接接地电流。750 kV 及以上等电位作业还应戴面罩。

11.2.3　等电位工作人员在电位转移前,应得到工作负责人的许可,750 kV 和 1000 kV 等电位作业,应使用电位转移棒进行电位转移。

11.2.4　交流线路地电位登塔作业时应采取放静电感应措施,直流线路地电位登塔作业时宜采取防离子流措施。

11.2.5　下列距离应满足相关规定:

a)地电位作业人体与带电体的距离;

b)等电位作业人体与接地体的距离;

c)工作人员进出强电场时与接地体和带电体两部分所组成的组合间隙;

d)工作人员与相邻导线的距离。

11.2.6　等电位工作人员与地电位工作人员应使用绝缘工具或绝缘绳索进行工具和材料的传递。

11.2.7　沿导(地)线上悬挂的软、硬梯或导线飞车进入强电场的作业,应遵守下列规定:

a)在连接档距的导(地)线上悬挂(或导线飞车)时,钢芯铝绞线导(地)线的截面不应小于 120 mm^2;钢绞线导(地)线的截面不小于 50 mm^2.

b)在孤立档的导(地)线上的作业,在有断股的导(地)线和锈蚀的地线上作业,在11.2.7a)规定外的其他型号导(地)线上的作业,两人以上在同档同一根导(地)线上的作业时,应经验算合格并批准后方能进行。

c)在导(地)线上悬挂梯子、飞车进行等电位作业前,应检查本档两端杆塔处导(地)线的牢固情况。

d)挂剁载荷后,应保持电线及人体对下方带电导线的安全距离比规定的安全距离数值增大 0.5 m;导电导线及人体对被跨越的线路、通信线路和其他建筑物的安全距离应比规定的安全距离数值增大 1 m。

e)在瓷横担线路上不应挂剃作业,在转动横担的线路上挂梯前应将横担固定。

11.2.8 带电断、接空载线路,工作人员应戴护目眼镜,并采取消弧措施,不应带负荷断、接引线。不应同时接触未通电的或已断开的导线两个断头。短接设备时,应核对相位,闭锁跳闸机构,短接线应满足短接设备最大负荷电流的要求,防止人体短接设备。

11.2.9 绝缘子表面采取带电水冲洗或进行机械方式清扫时,应遵守相应技术导则的规定。

11.2.10 绝缘子串上带电作业前,应检测绝缘子串的良好绝缘子片数,满足相关规定要求。

11.2.11 采用绝缘手套作业法或绝缘操作杆作业法时,应根据作业方法选用人体绝缘防护用具,使用绝缘安全带、绝缘安全帽。必要时还应戴护目眼镜。工作人员转移相位工作前,应得到工作监护人的同意。

11.3 带电作业工具的使用、保管和试验

11.3.1 存放带电作业工具应符合 DL/T 974《带电作业用工具库房》的要求。

11.3.2 不应使用损坏、受潮、变形、失灵的带电作业工具。

11.3.3 带电绝缘工具在运输过程中,应装在专用工具袋,工具箱或专用工具车内。

11.3.4 作业现场使用的带电作业工具应放置在防潮的帆布或绝缘物上。

11.3.5 带电作业工器具应按规定定期进行试验。

12. 电力电缆工作

12.1 一般要求

12.1.1 在电力电缆的沟槽开挖、电缆安装、运行、检修、维护和试验等工作中,作业环境应满足安全要求。

12.1.2 电缆施工前应先查清图纸,再开挖足够数量的样洞和样沟,查清运行电缆位置及地下管线分布情况。

12.1.3 沟槽开挖应采取防止土层塌方的措施。

12.1.4 电缆隧道、电缆井内应有充足的照明,并有防火、防水、通风的措施。

12.1.5 进入电缆井、电缆隧道前,应用通风机排除浊气,再用气体检测仪检查井内或隧道内的易燃易爆及有毒气体的含量。

12.1.6 电缆开断前,应核对电缆走向图,并使用专用仪器确认电缆无电,可靠接地后方可工作。

12.1.7 在 10 kV 跌落式熔断器与电缆头之间,宜加装过渡连接装置,工作时应与跌落式熔断器上桩头带电部分保持安全距离。在 10 kV 跌落式熔断器上桩头带电时,未采取绝缘隔离措施前,不应在跌落式熔断器下桩头新装、调换电缆尾线或吊装、搭接电缆终端头。

12.2 电缆试验安全措施

12.2.1 电缆试验前后以及更换试验引线时,应对被试电缆(或试验设备)充分放电。

12.2.2　电缆试验时,应防止人员误入试验场所。电缆两端不在同一地点时,另一端应采取防范措施。

12.2.3　电缆耐压试验分相进行时,电缆另两相应短路接地。

12.2.4　电缆试验结束,应在被试电缆上加装临时接地线,待电缆尾线接通后方可拆除。

参 考 文 献

[1]孙鹏.疏浚施工过程中保障港口与航道通航的措施探讨[J].中国水运(下半月),2015(5):45-46.

[2]黄家坪,韩朝阳,李创.通航航道疏浚施工船舶避让方法及措施[J].中国港湾建设,2015(10):60-63.

[3]赵新宇,陈安.航道通航尺度与航道保护范围划定的区别及重点[J].水运管理,2017(1):24-26.

[4]交通运输部长江航务管理局,重庆西南水运工程科学研究所,中交水运规划设计院有限公司,等.跨越和穿越航道工程航道通航条件影响评价报告编制规定:JTS 120-1—2018[S].北京:人民交通出版社,2018:4-10.

[5]交通运输部长江航务管理局,中交水运规划设计院有限公司,长江航道规划设计研究院,等.拦河闸坝工程航道通航条件影响评价报告编制规定:JTS 120-2—2018[S].北京:人民交通出版社,2018:3-9.

[6]交通运输部长江航务管理局,长江航道规划设计研究院,中交水运规划设计院有限公司,等.临河临湖临海工程航道通航条件影响评价报告编制规定:JTS 120-3—2018[S].北京:人民交通出版社,2018:3-7.